KB106556

오십, 인생의 재발견

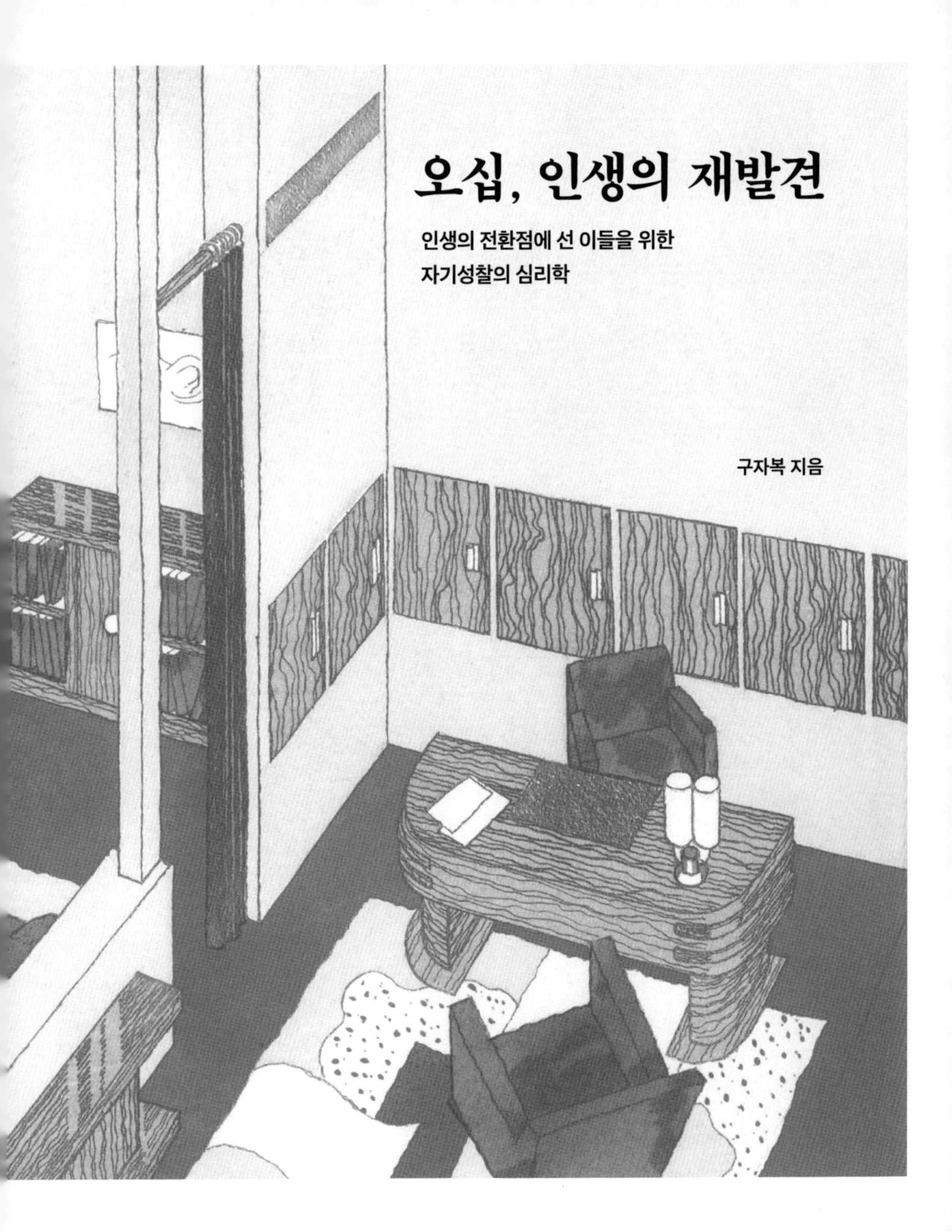

오십, 인생의 재발견

인생의 전환점에 선 이들을 위한
자기성찰의 심리학

구자복 지음

더 퀘스트

Prologue

중년이라는 새로운 출발선에 선 사람들에게

11월 중순의 어느 날 아침, 무거운 마음으로 집을 나섰다. 지난주 부문 대표에게 들었던 이야기가 못내 찜찜했지만 그래도 '설마' 하는 마음이 더 컸다.

"사장님이 찾으십니다."

오전 9시 무렵 사장 비서에게서 전화가 왔다. 서로 곤혹스러운 자리였다. 무언가에 세게 얻어맞은 듯 머리가 멍했다. 어떤 생각이나 감정도 사라져버린, 모든 게 마비되고 정지된 공간에 들어선 그런 느낌이었다.

미안하게 됐다는 말을 뒤로하고 자리로 돌아왔다. 앞자리 직원에게 빈 박스 두어 개를 부탁했다. 얼마 되지 않는 개인 짐을 주섬주섬 박스에 담았다. 그리고 함께 일하던 팀장들에게 내가 '벼락' 맞았음을 알렸다.

"박스는 택배로 좀 보내주라."

20여 년 직장생활의 마지막은 그렇게 단출했다.

나는 '회사 인간'이었다. 일 자체를 좋아했고, 일을 통해 얻는 경험과 성취감을 즐겼다. 직장에서의 성공이 곧 인생의 성공이라고 여기며 열심히, 치열하게 살았다. 야근과 주말 출근, 회식과 행사 참여는 기본이었고, 남들 다 간다는 여름휴가도 제대로 챙겨본 적 없었다. 그래도 그 덕에 다양한 업무와 인간관계를 경험했다. 누구보다 승진도 빨라서 가장 나이 어린 임원이 되기도 했다. 정신없이 바쁜 직장생활 속에서 나는 회사와 명함이 곧 나의 삶이자 나를 증명하는 모든 것이라 생각했다.

벼락은 소위 조직에 대한 충성심을 검증받은 사람들이 맡는다는 인사본부장 시절에 떨어졌다. 내 나이 겨우 40대 중반이었다. 상상도 못해봤던 일, 회사에서 퇴출당하는 것은 충격과 공황 그 자체였다. 매일같이 출근하던 장소가 사라지고 규칙적인 생활도 무너졌다. 해야만 하는 일들로 분주하고 바쁘게 채워졌던 일상이 퇴직과 동시에 연기처럼 사라져버렸다. 바깥세상은 변한 게 하나도 없는데, 집에 홀로 앉아 텅 빈 스물네 시간을 채워야 하는 외롭고 공허하고 당혹스러운 일상을 마주했다. 밤이면 아파트 베란다에 우두커니 서서 창밖을 내다봤다. '내일 뭐하지?', '뭘 해서 먹고살지?'가 제일 고민이었다. 불안해서 잠이 오지 않았다.

내 처지가 보잘것없어지자 마음도 한없이 쪼그라들었다. 출근 시간 이후 아파트에서 만나는 주민들의 시선에도 위축됐고, 대낮 마트에서 마주치는 주변 사람들의 시선에도 불편함을 느꼈다. 친한 친구, 심지어 가장 가까운 사이인 아내에게도 이런 복잡한 심경을 표현할 수 없었다. 직장에서의 성공이 내 유능함의 상징이었다면, 직장에서의 퇴출은 무능함을 드러내는 일이었다. 초라해진 모습을 남들에게 보이고 싶지 않았다. 아니, 보일 수 없었다. 그래서 숨고 피하고 도망쳤다.

그렇게 6개월 이상을 백수로 지냈다. 일을 해야 하고, 돈벌이도 해야 했지만 아무것도 할 일이 없었다. 돌이켜 생각해보면 해야 할 일이 없었던 게 아니라 무엇을 해야 할지 몰랐다는 게 더 정확한 표현일 것이다. 청년기를 월급쟁이로 보내면서 꽤 오랜 시간 동안 주어진 과제를 해결하는 데 급급하며 살아왔다. 그러다 아무런 준비도 없이 허허벌판에 떨어져 혼자서 방향을 잡고 먹거리를 찾아야 하는 상황에 놓였으니 두 발이 땅에 달라붙어 한 발짝도 움직일 수 없었던 것이 어찌 보면 무리도 아니었다.

다행히 나에겐 멘토가 한 사람 있었다. 첫 직장 선배이자 인생 선배이기도 한 그는 암울한 시간을 보내는 내가 안쓰러웠는지 어느 날 바람이나 쐬자며 먼저 연락을 해왔다.

"무슨 계획이 있어?"

나는 딱히 할 말이 없었다.

"직장 다닐 때 가장 좋아하고 잘했던 일은 무엇이었는지, 무슨 일을 할 때 가장 신나고 에너지가 넘쳤는지, 그리고 지금도 여전히 그 일이 진짜 하고 싶은지 생각해봐."

그랬다. 생각해보면 이젠 게임의 룰이 변했다. 내게 더 이상 주어진 과제는 없었다. 온전히 스스로 찾아내고 만들어내야 했다. 회사 인간으로만 살아왔던 나는 40대 중반에 완전히 새로운 환경을 만나게 됐고, 새로운 삶의 방식을 요구받고 있었다.

이를 계기로 나는 대학원에서 심리학을 공부하기로 마음먹었다. 내가 잘하고 좋아하는 일을 좀 더 전문적으로 하자는 생각이었다. 물론 배움이 주는 흥미로움과 즐거움도 컸지만 40대 중반에 시작한 박사 공부는 결코 쉽지 않았다. 복잡하고 어려운 영어 논문, 낯선 연구방법과 통계, 4일 내내 이어지는 수업도 힘들었지만 그보다 더 힘들었던 것은 과정을 수료하는 3년 동안 생업을 포기해야 하는 것이었다. '가진 재산도 없이, 중학생인 두 자녀를 키우면서 박사 과정을 다니는 고학생'이라고 농담처럼 나를 소개하기도 했지만, 그때의 나는 삶의 중심을 잃지 않고 쓰러지지 않기 위해 매일같이 고군분투했다.

시간은 참 성실하게 흐른다. 내가 벼락을 맞아 퇴출당하고, 다시 학교로 돌아가 공부를 하고, 동료들과 연구소를 만들면서 아등바등 사는 사이, 동년배 남자들의 시간도 그만큼 흘렀다. 누군가는 명예퇴직을 했고, 누군가는 보직을 빼앗겼다. 또 누군가는 직장에서 언제 필요 없는 사람으로 낙인찍힐지 몰라 어떻게든 살아남으려 발버둥치고 있었다.

중년 남자들은 점점 조직의 중심에서 밀려 존재감이 사라져갔고, 그만큼 자존감은 낮아졌다. 또 더 이상 승진이나 보직을 받을 가능성이 낮아지면서 퇴직에 대한 불안감과 걱정도 많아졌다. 그래서 남은 회사생활을 어떻게 하면 안전하게 마무리할 수 있을까에 온통 관심을 집중한다. 여기에 흰머리와 잔주름은 자꾸 늘어나고 머리카락은 빠지고 체력은 떨어진다. 팔팔하던 청년들도 세월의 흐름에 따라 어느새 중년이 되었고, 심신이 약해졌다. 직장생활에 대한 의미와 재미가 없어지면서 일상은 도돌이표가 되고, 낯선 신체의 변화도 발목을 잡으면서 자신의 삶에 새로운 자극을 만들 에너지도 사라졌다.

지금 한국 사회의 40~50대는 윗세대 선배들이 밟았던 삶의 경로와는 다른 길을 밟고 있다. 이들은 불안정한 사회·경제 구조와 맞물려 개인적인 영역, 직업적인 영역 그리고 가정 영역 등 삶의 모든 영역에서 낯선 도전들에 직면해 있다. 그래서 40대 이후의 삶은 더 이상 안정적이지 않고, 50대 이후의 삶은 불안하기만 하다. 인생의 내리막길에 접어든 것인지 아니면 또 다른 삶이 시작되는 것인지 혼란스럽기도 하다. 하지만 이는 중년에 접어든 모든 사람들에게 자연스럽고 보편적으로 일어나는 현상이다. 그 혼란과 그 힘듦은 누구에게나 찾아온다. 이 시기에 남자들이 해야 할 일은 시간을 현명하게 보내면서 새로운 문을 여는 방법을 고민하는 것이다. 물론 참으로 어렵지만.

이 책은 우연과 필연을 넘나들며 내가 경험했던 것들에서 출발했다. 거기에 함께 중년의 시간을 보내고 있는 여러 남자들의 스토리가 더해졌다. 이 책을 통해 나 자신과 또래의 중년 남자들에게 불확실한 미래로부터 삶의 새로운 길을 찾는 '자기 탐색과

발견'의 과정을 이야기하고 싶었다. 자동차 내비게이션은 목적지만 입력하면 자신의 현재 위치를 자동으로 탐색해서 경로를 안내해준다. 하지만 우리네 인생은 목적지는 물론이고 자신의 현재 위치도 스스로 탐색해야만 하고, 이것을 토대로 여러 선택지 안에서 스스로 경로를 결정해야 한다. 쉽지 않지만 언젠가는 해야만 하는 일이다. 그래서 중년의 시간을 건너고 있는 남자들에게 자신이 지나온 삶의 발자취를 스스로 되돌아보는 과정은 아주 중요한 의미를 지닌다.

심리학자 칼 구스타프 융Carl Gustav Jung은 "사람은 자신의 가슴 속을 들여다볼 때 비로소 시야가 트이게 된다. 바깥을 보면 꿈을 꾸지만, 안을 들여다보면 깨어날 것이다."라고 말했다.

지금 인생의 중년기를 지나고 있는가? 그렇다면 자신이 어디를 향해 가고 싶은지 묻기 전에 과거의 나로부터 현재의 나 그리고 심리학이 알려주는 중년의 특징들을 한 번 들여다보자. 가야 할 곳을 알고 싶다면 지금 나의 위치를 먼저 알아야 한다. 이제부터 그 흥미롭고 가슴 뛰는 과정을 함께 시작해보자.

차례

Chapter. 3 그렇게 진짜 나를 다시 만난다

Chapter 4. 오십의 파도를 현명하게 헤쳐 나가자

Chapter 1.

어느 날 문득, 중년

불현듯 인생의 오후가 찾아왔다

철저히 준비되지 않은 채로 우리는 인생의 오후로 나아간다. 문제는 내가 믿고 있던 진리와 이상이 남은 인생도 잘 이끌어 주리라는 잘못된 생각으로 인생의 오후를 맞이한다는 것이다. 그러나 우리는 인생의 오전 패러다임에 따라 오후의 인생을 살 수 없다. 아침에 위대했던 것이 저녁에는 거의 사라지며, 아침에 진실이었던 것이 저녁에는 거짓이 될 것이기 때문이다.

_칼 융, 심리학자

“답이 별로 없어요. 내가 할 수 있는 게 뭘까? 잘하는 게 뭘까? 아무리 고민을 해봐도 답이 안 나와요. 자신감도 별로 없고요. 가장 두려운 게 실패하면 안 된다는 거죠. 은퇴해서 치킨집 차렸는데 망했다더라, 사기당해서 돈 날렸다더라 같은 이야기들을 너무 많이 들었으니까요.”

“경제적인 문제가 1순위예요. 아직은 애들 뒷바라지도 해야 하는데…. 밤에 자려고 누우면 온갖 생각이 다 듭니다. 나이 들어서 뭘 해야 하나, 노후 준비는 얼마나 되어 있나, 돈을 얼마나 모아야 먹고살 수 있을까? 이런 생각을 많이 합니다.”

뭐 해서 먹고살지? 중년을 지배하는 불안 심리

한국 사회의 중년 남자들은 불안하다. 예측이 안 될 만큼 세상이 빠르게 변하고, 직장생활도 더 이상 안정적이지 않다. 당장의 생활도 불안하고, 퇴직 이후 장래는 더 불안하다. 한 치 앞을 예측할 수 없는 막막함, 그리고 잘못된 선택으로 실패하고 무너지면 어쩌나 하는 걱정과 염려가 이들 마음속에는 가득하다.

이들이 가장 두려워하는 문제는 앞으로 '뭐 해서 먹고살지'와 '뭐 해서 돈 벌지'이다. '앞으로 5~10년 후에도 계속 일하며 돈을 벌 수 있을까?', '우리 가족이 경제적으로 아무 문제 없이 지낼 수 있을까?' 이것이 이들의 제일 큰 걱정이다. 물론 이런 걱정은 이전 세대에도 있었다. 하지만 이 걱정이 지금 더 절박한 까닭은 이전 세대가 중년기를 보내던 때와는 상황이 너무나 달라졌기 때문이다.

모두가 알고 있듯이 성장률은 경제 규모가 커질수록 둔화된다. 2020년 한국의 GDP는 1970년 GDP의 670배가 넘는 수준이다. 엄청나게 성장해서 불과 50년 만에 후진국에서 선진국 대열에 들어섰다. 그리고 이제는 2~3퍼센트의 경제성장률도 버거울 만큼 성장의 폭이 줄어들었다.

학창 시절을 떠올려보면 이 상황을 쉽게 이해할 수 있다. 40점 맞던 과목의 점수를 10퍼센트 올리는 것과 90점 맞던 과목의 점수를 10퍼센트 올리는 것은 차원이 다르다. 오늘날 한국의 경제 규모는 전 세계 200여 개국 중 10등 수준이다. 전교생 200명 중에서 10등 정도인 셈이다. 당연히 가파른 성장은 이제 불가능하다.

한국뿐만이 아니라 대부분의 선진국들이 이처럼 낮은 경제

성장률을 보인다. 다시 말하면, 과거처럼 고성장 시대로 돌아가기 어렵다는 의미다. 이 문제는 개인의 삶에도 직결된다. 그만큼 새로 시작할 수 있는 틈새가 줄어들었고, 새로 시작하더라도 성공할 확률이 낮아졌다. 굳이 통계를 들먹이지 않아도 주변에 얼마나 많은 소규모 점포들의 주인이 바뀌는지를 살펴보면 쉽게 짐작할 수 있다.

큰 기업들도 상황은 마찬가지다. 과거처럼 매년 두 자릿수의 가파른 성장을 기대하기 어렵다. 지금의 중년들이 직장생활을 처음 시작할 때는 회사의 매출이 빠르게 증가했고 조직의 규모도 계속해서 커졌다. 새로 생기는 부서도 많았고 그만큼 인력도 더 많이 필요했다. 자연스럽게 관리자의 숫자가 늘어나면서 입사 순서에 따라 차례차례 승진했다. 하지만 이제는 그런 모습을 찾아보기 힘들다. 조직의 성장은 정체되기 시작했고, 또 조직이 성장하더라도 과거처럼 많은 인력이 필요하지 않게 됐다. 당연히 그만큼 필요한 관리자의 수도 줄어들었다.

또한 전통적인 연공서열의 구조가 서서히 수평적으로 변하면서 젊은 사람들이 관리자의 자리를 채우기 시작했다. 이 과정에서 중년 남자들은 보직이나 지위를 상실하게 됐다. 단순한 직급 차이를 넘어 이들은 마음에 큰 상처를 입었다. "사실 빼앗긴 거잖아요. 갑자기 무능한 사람 취급받는 것 같고, 자격지심도 생기고,

다른 사람들 보기 부끄럽죠."라고 말하는 사람들이 늘어나고 있는 상황이다.

이보다 더 큰 문제는 구조조정, 조기퇴직, 명예퇴직으로 자신이 원하지 않는 상황에서 회사를 그만둬야 하는 경우가 자주 생기고 있다는 점이다. 똑똑하고 유능했던 사람들이 중년이 되면서 갑자기 직장에서 내몰리고, 사회에서 소외된 채 실업자가 되고 있다. "청춘을 다 바쳤던 직장에서, 회사 일 외에는 아무것도 할 줄 모르는 사람이 갑자기 성 바깥으로 추방을 당하게 되니까 굉장히 두렵더라고요. "어, 이거 어떻게 해야 되지?" 하는 말이 절로 나옵니다."

퇴직은 불안하지만 그렇다고 준비하기도 어려워

많은 사람에게 퇴직은 불안하고 두려운 일이다. 그렇게 두렵다면 미리 대비를 하면 될 텐데 사실상 퇴직 이후의 삶을 제대로 준비하는 사람은 거의 없다. 물론 이런저런 생각을 하기는 하지만 구체적으로 자신의 미래를 설계하거나 행동에 옮기는 사람이 별로 없다는 의미다. 이유는 뻔하다. 쉽지 않기 때문이다. 회사 일에 쫓겨 하루하루를 살다 보면 미래에 대해 생각할 틈이 없는 경우가 대부분이다. 이들에게 미래에 대한 생각은 오로지 회사의 사업계획뿐이다. “우리 부서가 내년에는 뭘 하고, 3년 후에는 어떻게 가야 하고…. 이런 것만 고민하고 살았죠. 내 인생의 3년 후는 전혀 생각지도 않았어요.” 어느 퇴직한 중년 남자의 후회다.

이들은 벼락을 맞기 전까지는 삶의 방향을 바꿀 생각을 하지 않는다. 그런데 안타깝게도 벼락은 40대 후반이나 50대에 떨어진다. 그즈음 임원이 되지 못한 사람들은 보직을 잃고 회사에서 밀려나거나 구조조정으로 '퇴출'당한다. 그리고 자신의 좌절감과 무능함을 들키지 않기 위해 숨어버린다. “그냥 회피했던 거지 치유했던 건 아닌 것 같아요. 치유라기보단 세월이 흘러서 그냥 잊는 거죠. 안 아픈 게 아니고 아픔을 잊어가는 거예요.”

지금의 30~40대들은 이들을 보며 불안해한다. “최근에 '교토삼굴'이라는 말을 들었어요. 똑똑한 토끼는 살아남기 위해 굴을 세 개 판다는 거죠. 여태까지 선배들은 그냥 굴 하나(회사)만 팠잖아요. 회사에 충성을 다하면 회사가 다 알아서 해줄 거라 믿었으니까요. 그런데 지금은 굴을 파다가 막힐 수도 있고 물이 들어올 수도 있으니 이쪽저쪽에 굴을 더 파놔야 해요. 그렇지 않으면 죽을 수도 있으니까요. 선배들 중 자기 커리어를 잘 살리거나 일하면서 뭔가를 준비했거나 하는 사람이 별로 없어서 나중에 뭘 해야 할지 더 고민하게 되는 것 같아요.”

정년을 채운다고 상황이 모두 좋은 것도 아니다. 수명이 늘어나면서 정년 이후에도 30년의 세월이 버티고 있다. 30년의 시간은 여행이나 여가활동만으로 채우기에는 너무 긴 세월이다. 게다가 국민연금이 노후에 우리가 편안하게 먹고살 만큼의 여유를 허용해줄 것 같지도 않다. 이 긴 세월을 무엇을 하며 보낼지 그리고 이 시간 동안 생활비는 어떻게 감당해야 할지 난감하기만 하다.

중년은 인생의 중요한 전환점

많은 심리학자들이 인생은 몇 개의 단계로 이루어져 있다고 말한다. 심리학자 융은 아동기, 청년기, 중년기, 노년기로 구분했고, 성인발달 분야의 창시자인 대니얼 레빈슨Daniel Levinson은 성인 이전 시기, 17~45세 정도의 성인 초기, 40~65세 정도의 성인 중기, 그리고 60세 이후의 성인 후기로 인생의 단계를 구분했다. 이런 단계들 안에는 몇 번의 중요한 전환점이 존재한다. 예를 들어 신체적·정신적으로 급격한 변화를 경험하는 사춘기가 가장 대표적이다. 중년기 역시 커다란 전환점이다. 인간의 중년기는 사회적·경제적 힘이 최고점을 찍는 시기이기도 하지만(도표에서 보듯 40~50대의 평균소득이 가장 높다.) 동시에 최고점을 찍고 직장이나

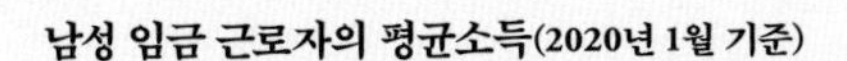

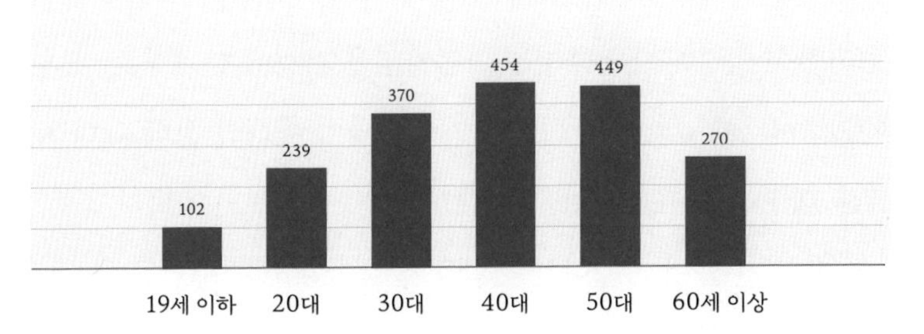

사회에서 서서히 밀려나는 느낌을 받는 시기이기도 하다. 그래서 많은 사람들이 중년기에 성공과 성취를 경험하지만 한편으로는 여러 좌절과 혼란 그리고 불안과 우울도 경험한다. 그렇게 중년기는 젊음의 열망과 중년의 현실적인 한계가 정면으로 충돌하는 시기다.

이런 이유 때문에 중년 남자들은 겉으로는 과시적이지만 불확실한 미래에 대해 걱정하고, 직장과 직업을 가지고 있지만 자신이 쓸모없어져 버려질 것에 대해 두려워한다. 또 여전히 많은 삶의 자원을 가지고 있지만 그에 대한 통제력을 잃어버릴까 봐 걱정하기도 한다.

그런데 이렇게 심리적으로 불안한 것은 사실 자연스럽고 당연한 일이다. 이런 불안에 잘 대처하려면 앞으로 자신이 걸어가야 할 인생길에 대해 어느 정도의 고민과 이해가 필요하다. 나이와 싸워 이기려 하기보다 변화를 미리 가늠해보고, 자연스럽게 받아들이며 능숙하게 대처하려는 마음가짐을 가져야 한다. 지금 중년에게 가장 필요한 것은 새로운 기술뿐만이 아니라 삶에 대한 새로운 태도이다.

이 시기를 먼저 걸어간 사람들은 불안해하는 중년들에게 너무 걱정하지 말라고 이야기한다. 나이라는 고개를 넘을 때마다 이전에는 없던 기회들이 새롭게 생긴다고, 그런 고개마다 또 다른 즐거움이 있다고 조언한다. 세월의 흐름을 자연스럽게 받아들이되 삶의 방식을 계속 돌아보고자 노력하는 것, 새롭고 낯선 삶의 풍경이 불안하지만 그것이 주는 기회를 기꺼이 탐색하려고 하는 것, 그것이 현재의 불안을 이기는 유일한 방법이라고도 말한다.

인생에서 행복에 이르는 길은 하나가 아니라 무수히 많다고 한다. 당신에게 맞는 길은 그중 어느 길인가? 우리 함께 차분히 고민해보자.

삶에서 일과 직장이 전부였던 사람들

대부분의 사람들에게 일, 즉 직업은 단순한 생계수단 이상의 의미를 지닌다. 직업은 삶의 가장 근본적인 의미이자 목표이고, 자부심과 성취감을 얻는 수단이며, 타인과 유대감을 형성하는 도구이다. 또한 정체성의 핵심 요소이기도 하다.

_칼 필레머, 코넬대학교 교수

"회사 일이 쉽지는 않았죠. 그래도 즐거웠고 새로운 게 많았어요. 남들이 안 하는 걸 자원해서 많이 했고, 그래서 빨리 위로 올라가기도 했고요. 자부심이 있었죠."

"후회도 당연히 합니다. 그런데 그렇게 열심히 안 했으면 지금 아무것도 안 되어 있었을 거예요. 후회도 있지만 나름대로 열심히 살았다는 자부심도 있습니다."

지금의 중년 남자들은 신입사원 시절 "10년 후에 뭐가 될래?, 20년 후에는 뭐 할래?"라는 질문에 뭐라고 대답했을까? 단언컨대 요즘의 MZ세대들과는 전혀 다른 답변을 했을 것이다. 바로 "부장으로 승진해 있겠죠.", "임원을 목표로 하고 있습니다."와 같은 대답 말이다. 이들은 자신이 몸담은 직장을 평생직장이라 생각하고 부지런히 일했던 사람들이다. 그러다 어느덧 20여 년이 지나 과거의 직장생활을 돌아보며 "왜 그때 그렇게까지 열심히 했을까?" 하고 지금에서야 후회한다.

마흔 살 무렵까지 앞만 보고 달렸던 세대

지금의 50대들은 마흔 살 무렵까지 앞만 보고 달렸다. 이때까지 인생은 마치 잘 닦여진 도로처럼 곧게 뻗은 길이라 생각했다. 힘든 상황 속에서도 꾸준히 성실하게 노력하면 성공은 뒤따라올 거라 믿었다. 그래서 더 빨리, 더 많이, 더 열심히 일했다. 남보다 앞서 나아가기 위해, 동료들 이상으로 인정받고 경쟁에서 이기기 위해 달렸다. 회사에도 헌신하고 상사에게도 충성을 다했다. 하는 일에 매진했고 그 자체가 삶의 큰 즐거움이라 여겼다.

사람의 행동에는 개인의 특성도 중요하지만 그를 둘러싼 상황과 배경이 더 큰 영향을 미칠 때가 많다. 다시 말하면, 이들이 이렇게 앞만 보고 달렸던 데에는 다 그럴 만한 상황이 있었다. 현재 한국 사회의 중년 직장인들은 1960년대에 태어나 1980년대에 대학생활을 하고, 1990년대에 30대였던 소위 '386세대'다. 후진국에서 태어났지만 정치·경제·사회문화적으로 엄청난 변화의 소용돌이 속에서 사회생활의 대부분을 보냈고, 현재는 선진국에서 중년을 보내고 있다. 그리고 그 과정에서 전 세계 유례없는 성장과 성취를 경험했다.

이들은 유년 시절에 '국민교육헌장'을 암기하며 개인보다는 국가와 사회의 발전을 우선시해야 한다고 교육받으며 자랐다. 학급당 학생 수가 가장 많던, 과밀학급이라 불리던 시절에 아동기와 청소년기를 보내면서 100만 명이 넘는 수험생이 경쟁하는 치열한 입시경쟁을 뚫어야 했다. 또 청년기에는 6.10 민주항쟁과 6.29 선언, 동서냉전 종식 등의 여러 정치적 사건을 경험했다. 이런 과정에서 민주주의 의식 등을 이해할 수 있는 세대로 성장했다.

그럼에도 불구하고, 자신이 유년 시절에 학습한 가족주의와 가부장적 권위주의의 틀에서 벗어나지 못했다. 집단공동체를 우선시했으며 나이나 지위 같은 서열과 권위 그리고 의무와 복종을 여전히 중요하게 생각했다. 그래서 군대의 선임은 십수 년이 지나도 여전히 선임이고, 입사 선배는 퇴직 후에도 여전히 선배다. 나이를 먹어도 후배는 선배에게 깍듯이 예를 갖추어야 하고 선배는 후배에게 술도 사고 밥도 사야 체면이 선다고 생각한다.

집단공동체에서 희생하고 성장했던 사람들

회사는 이런 사회적 분위기를 영리하게 활용했다. 사실 공동체 의식과 집단주의적 행위는 회사라는 조직사회에서 절정을 이룬다. 정규직과 평생직장이라는 조건을 제시하면서 '○○맨', '○○인'처럼 조직에 대한 소속감과 일체감을 갖도록 적극적으로 상황을 조성했다. 그리고 이런 분위기 속에서 자연스럽게 회사에 대한 충성심을 요구했다.

"일을 열심히 하는 건, 마치 학창시절에 공부하는 거랑 비슷했던 것 같아요. 학생은 공부를 열심히 해야 하잖아요. 그래야 부모님이 좋아하고, 선생님도 좋아하고. 당연히 그렇게 살아야 하는 건 줄 알았지요. 물론 내가 열심히 일해서 돈을 많이 벌겠다, 상사한테 인정을 받겠다, 승진을 빨리 하겠다 같은 동기도 있었지만 일은 '원래 열심히 하는 것'이라고 생각했어요. 거기에 어떤 의문도 품지 않았죠."

한국의 중년 남자들은 회사에 대한 자발적 충성심과 열심히 일해야 한다는 의무감을 이렇게 가지게 됐다. 동료 그리고 선후배 사이의 인간관계도 마찬가지였다. 한국 기업에서 인간관계는 집단공동체의 성격을 갖는다. 그리고 이 집단공동체는 정서적 유대감, 동질성, 일체감 같은 심리적 연대감을 가진 확대된 가족의식을 반영한다. 즉, 가족처럼 가깝게 지내며 정을 쌓아야 하는 관계였다. 그 결과 남과 우리를 구분 짓고, 남과 구분된 우리의 결속을 강화했다. 그래서 함께 일하고, 함께 밥 먹고, 퇴근 후에도 함께 어울렸다.

또 공동의 목표를 위해 개인을 희생하고 그런 희생을 묵묵히 참고 견뎠다. 지금은 찾아보기 어려운 일이지만 주말이면 동료 자녀의 돌잔치에 의무방어 치르듯 참석해야 했고, 신혼부부들에겐 통과의례처럼 집들이라는 과제가 부여됐다. 봄가을이면 워크숍을 빙자한 야유회나 1박 2일 MT 같은 집단 활동도 흔한 일이었다.

이런 심리는 공과 사의 구분을 어렵게 만들었다. 조직에서 사람들은 자신의 이익을 지키기 위해 개인적인 네트워크를 만들고 확대하려고 노력했다. 학연, 지연과 같은 연고주의가 만연했고, 누가 누구와 친한지가 인사에 큰 영향을 미쳤다. 저녁에 회사 사람들과 술을 먹고, 거기서 열외가 되면 여러 가지 불이익을 받는 게 당연한 일처럼 여겨졌다.

집단공동체의 일원으로 생존하기 위한 필사적인 노력은 회식과 음주문화에서 대표적으로 드러난다. 지금도 일부 유지되고 있지만 당시는 회식 자리에 끼지 못하고 음주문화에서 살아남지 못하면 소위 직장 내 '왕따'가 되기 십상이었다. 폭탄주를 말아 술잔을 돌리고 원샷을 강요했다. 술은 원래 취하려고 먹는 것이라며, 취해도 정신력으로 버티면 된다며, 마시다 보면 주량도 일취월장하는 것이라며 음주를 강요했다.

한국의 직장에서 회식과 음주문화는 상사와 부하, 선배와 후배 직원의 수직적인 관계를 재확인하는 자리이자 동료들 간의 유대감과 일체감을 확인하는 자리였다. 그래서 술자리의 모든 구성원들은 술에 취해야 했다. 술에 취해서 서로 흐트러진 모습을 공유함으로써 소위 '인간적인 관계'를 형성하는 것이다. 그래서 이 자리에 함께하지 않은 사람에 대해서는 강한 배타성을 가졌다. 인사고과는 저녁 술자리에서 결정된다는 웃지 못할 이야기가 과장된 것만은 아니었다.

이렇게 인간관계가 절대적인 조직문화에서는 그 관계망에 들어가지 못하면 소외되고 낙오될지 모른다는 두려움이 있을 수밖에 없다. 자연스레 어쩔 수 없이 참석해야만 하는 모임과 만남이 많아진다. 이게 수직적인 조직문화와 결합하면, 어느 정도 개인의 희생은 당연한 것이 되고 조직 중심적인 생각으로 바뀐다.

당시 한국 경제는 운 좋게도 고도성장하는 시기였다. 개인을 희생하고 회사에 충성하는 이들에게는 달콤한 결과가 뒤따라왔다. 회사의 성장과 함께 나도 승진하고 자연스레 월급봉투도 두꺼워졌다. 그 과정에서 성취감도 맛볼 수 있었다. 당시에는 회사에 대한 충성이 곧 나에 대한 충성이었다.

나는 일한다. 고로 존재한다

직장은 어딘가에 속해 있다는 안정감을 주는 중요한 공간이다. 그곳에 가면 내 역할과 일이 기다리고 있다. 늘 보던 익숙한 얼굴들도 만난다. 직장은 규칙적인 일상을 제공하고 그것을 통해 안정감을 주는 중요한 장소다. 그리고 대부분의 인간관계를 형성하고 유지하는 일상생활의 영역이다. 중년 남자들의 휴대전화 연락처에 회사와 관련된 사람들을 빼고 나면 몇 개가 남을까? 아마 별로 없을 것이다. 물고기가 물의 소중함을 알 수 없듯이, 중년 남자들 자신은 의식하지 못하지만 직장은 그들의 삶에서 없어서는 안 될 중심축이었다.

또한 중년 남자에게 직장은 가장으로서 가족에 대한 책임과 의무를 다할 수 있게 하는 수단이다. 가장으로서의 존재가치를 드러내는 도구인 것이다. 특히 가부장적 사고를 가진 한국의 많은 중년 남자들은 '가족을 위해 돈을 벌어 오는 것'을 가장 중요한 역할로 여긴다. 그래서 직장에서 온갖 어려움을 겪어도 가족을 위해서 희생하고, 가족을 책임져야 한다고 생각한다.

"권고사직을 받았는데, 혼자였으면 그렇게 고민을 안 했을 거예요. 그런데 처자식이 제일 먼저 생각이 나더라고요."

이들은 많은 돈을 벌어 올 때 자신의 권위를 인정받는다고 생각한다. 이는 곧 남자가 돈을 제대로 못 벌면 가장 역할을 못하는 것이라는 생각으로 확대된다. 중년 남자들에게 일과 직장은 가장으로서 역할과 자신의 가치를 증명하는 도구인 셈인 것이다.

누구에게나 일과 직장은 소중하다. 그러나 중년 남자들에게는 특히 더 중요한 의미를 지닌다. 집단공동체와 집단주의 가치를 지닌 이 남자들에게 직장에서의 성공은 곧 인생의 성공이었다. 일은 자신의 가치를 인정받을 수 있는 중요한 요소였고, 승진은 그에 대한 달콤한 보상이었다. 회사, 직급이 쓰인 명함은 곧 치열한 경쟁에서 승리해 인정과 보상을 받은 '자기 자신'을 의미했다. 이들에게 일과 직장은 자신이 살아온 인생이고, 살아가는 이유이기도 했다. 그래서 이들은 "나는 일한다. 그러므로 존재한다."고 말한다. 그리고 이런 태도가 중년 남자들의 인생에 빛이자 어둠을 잉태했다.

조직의 중심에서 밀려나다

어떠한 무언가가 불만족스럽다면, 놀라지 마라. 그것이 우리가 삶이라고 부르는 것이다.

_지그문트 프로이트, 정신분석학자

"우리보다 네다섯 살, 심지어 10살 어린 직원들이 파트장이 되고, 팀장, 임원 레벨이 되는 상황이니까 더 올라갈 수가 없죠."

"사실은 공식적인 권위가 없어졌기 때문에 후배들 입장에서는 저를 무시해도 상관이 없지요. 무시했을 때 약간의 리스크만 있겠죠. 예를 들어 '저 인간이 위의 누구랑 친해서 나에 대해 안 좋은 소리를 하는 건 아닐까?' 그 정도의 생각만 하겠죠. 그래서 서로 적당히 조심하는 것뿐이죠."

서서히 조직의 중심에서 밀려나는 중년들

기업들이 변화에 신속하고 유연하게 대응한다거나 역동적이고 수평적인 조직문화를 만들겠다는 취지로 젊은 리더들을 발탁하면서 차례차례 순서를 기다리던 50대들이 줄줄이 승진에서 소외되고 있다.

2021년 재계의 인사 키워드는 단연 '세대교체'였다. 삼성전자에서는 마흔다섯 살 부사장, 서른일곱 살 상무가 탄생했고, SK하이닉스에서는 마흔여섯 살의 인수합병 전문가가 사장에 선임됐다. LG그룹 또한 상당히 젊어져서 40대 임원 비율이 52퍼센트로 절반을 넘어섰다. 국내 최대 금융기관 중 한 곳은 1960년대생 임원 대부분을 퇴진시켰다. 이런 흐름이 재계 전반에 보편화됐다는 점은 숫자가 증명한다. 2021년 3분기 기준으로 국내 30대 그룹 임원 7,438명 중 약 절반가량에 해당하는 46.8퍼센트가 1969~1979년생인데, 이 숫자는 불과 2년 전보다 19.5퍼센트포인트나 증가한 수치다. 소위 전통산업이라고 하는 제조업 기반의 대기업이나 금융업이 이런 상황이니 IT 기업이나 바이오 기업은 말할 것도 없다.

여기에 더해 대기업 총수 일가의 세대교체도 영향을 미쳤다는 분석이다. 젊어진 기업의 총수들이 자신의 측근으로 조직개편을 단행하면서 자연스럽게 세대교체가 진행됐다는 얘기다. 젊어진 총수와 핵심 경영진의 세대교체는 50대 직장인에 대한 인식에도 영향을 미쳤다.

디지털 물결, 산업 생태계의 변화, MZ세대의 부상 그리고 세대교체 등 외부 환경 변화가 급격하게 일어났고 이 과정에서 변화에 대한 감각이 무뎌지고 적응력이 떨어진 50대 직장인들이 설 자리는 너무나도 좁아졌다. 이들이 가진 경험이, 이들이 보여준 성실함과 충성심이 더 이상 경쟁력이 되지 않는 시대가 온 것이다.

개인이 살아남기 위해 몸부림치듯이 조직도 살아남기 위해 몸부림친다. 조직개편, 구조조정 등 조직은 생존을 위해 충성스럽던 직원의 일자리를 빼앗고 그들의 삶을 송두리째 뒤집어엎었다.

"나이를 먹더라도 뇌는 젊어야 한다." 기술 변화에 당황해하고 시대 변화를 따라가지 못하면서도 그걸 따라잡고자 특별히 노력하지 않는 중년들을 향한 어느 대기업 CEO의 일침이다. 기분 나쁘지만 딱히 아니라고 할 수도 없다. 그래서 마음이 더 무거운 현실이다.

산업화의 주연에서 고비용의 조연으로

현재 50대 직장인들은 한국 사회에서 비효율의 한가운데에서 있다. 2021년 통계청에서 발표한 '2019 임금 근로 일자리 소득 결과' 자료에 따르면 우리나라 연령별 소득에서 나이가 많을수록 그리고 근속 기간이 길어질수록 평균임금도 증가하여 20년 이상인 근로자의 경우 평균임금이 748만 원으로 가장 높았다.

이에 비해 날로 그 숫자가 증가하고 있는 50대의 업무수행에 대해서는 "월급은 많이 받고, 일은 안 하고 떠넘겨 나에게 피해를 주는 사람"(D사원), "팀장들도 '선배님, 여기까지만 해주세요' 하

2019 임금 근로 일자리 소득 결과

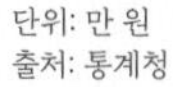

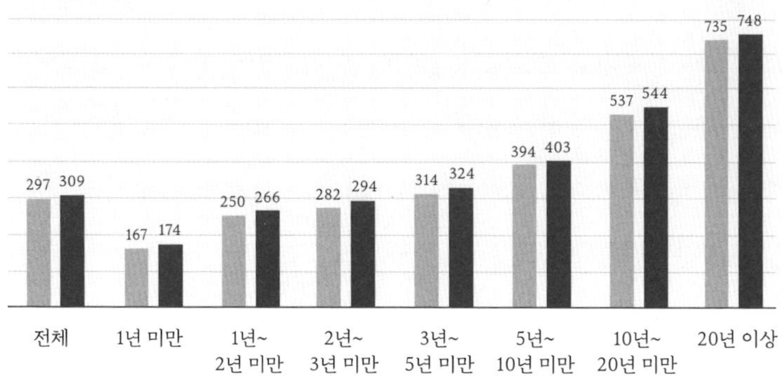

며 눈치 보게 만드는 사람"(E대리), "회사에서 제도적으로 페널티가 필요한 사람"(F과장) 등 조직 내 불만과 비우호적인 시각이 증가하고 있다.

이들 50대들은 더 이상 승진이나 보직을 받을 가능성이 낮아지면서 퇴직에 대한 불안감을 많이 느끼는데 그렇다고 열심히 일하고 싶어 하지도 않는다. "심신이 너무 지쳤어요. 경제적인 것 때문에 다니는 거죠."(H부장). 그래서 남은 회사생활을 안전하게 마무리하고 퇴직 후에도 우아하게 살 수 있는 방법으로 재테크, 건강, 취미, 창업 등에 관심을 집중한다. 이렇게 일하는 의미를 잃어버리고 일에 재미가 없어지면 일상은 도돌이표가 되고 직업적 측면이나 개인 생활에서 새로운 자극을 만들 에너지도 사라진다.

"저보다 5년 선배님인데, 작년에 면팀장되고 우리 팀에 오셨죠. 참 좋은 분인데, 제 입장에선 일을 푸시하기가 아무래도 불편하죠."(A팀장), "일은 우리의 절반, 연봉은 우리보다 두 배, 열심히 하다가도 그분만 보면 일할 맛이 사라져요."(B대리), "임금피크에 들어와서는 다른 직원들하고는 담을 쌓고 지내요. 말발도 안 서는데 무슨 회사 일에 나서겠어요."(C부장) 이렇게 속내를 드러내는 것처럼 선배를 팀원으로 모셔야 하는 팀장의 마음도, 고액 연봉에 적당히 일하는 선배들을 바라보는 후배들의 입장도, 직책 박탈과 임금피크에 따른 무력감을 경험해야 하는 50대의 처지도, 보직 없는 고직급 인력의 동기부여를 고민해야 하는 회사의 속내도 모두 복잡하다.

업무의 당사자에서 방관자로

필자가 속한 연구소에서 심층 인터뷰를 통해 조직의 중심에서 밀려난 50대의 모습을 심리적 패턴으로 유형화해본 결과, 이들은 모두 세 가지 유형으로 구분됐다. 먼저 보직을 박탈당한 50대 유형(꺾여진 날개)이다. 이들의 속마음은 '조직에서는 타이틀이 중요하다, 뒤통수를 맞았다, 억울하다, 인사 제도가 공정하지 못하다'는 것이었다. 다음으로 잔소리 많은 50대 유형(딴지 대마왕)은 '내가 다 해봤다, 내가 다 안다, 우리 회사는 나 같은 인재를 못 알아본다'는 생각이 깔려 있었다. 마지막 일하기 싫은 50대 유형(셀프 안식년)은 '회사에 충성해봤자 다 부질없다, 내 살길은 내가 챙겨야 한다, 가늘고 길게 가자'는 마인드를 가지고 있었다. 보직 없는 50대의 70~80퍼센트는 이 세 유형 중 어느 하나에 해당된다.

보직 없는 50대의 심리적 기제

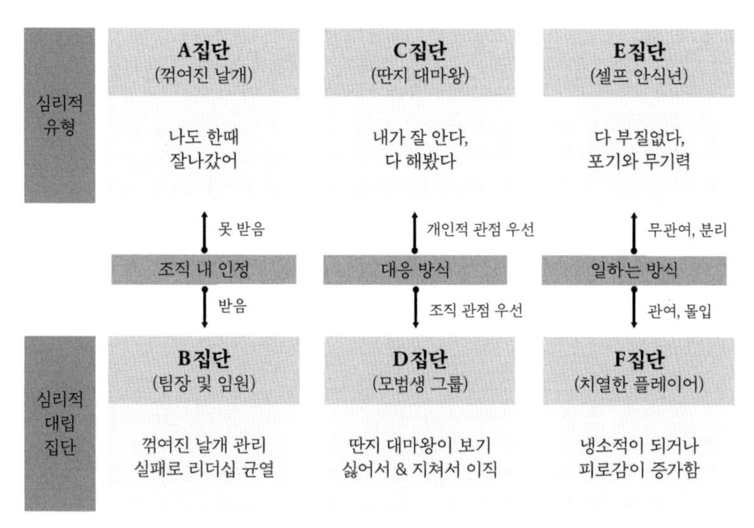

출처: 트라이씨 심리경영연구소

우리네 인생은 대칭과 축으로 이루어진다. 도표에서 보듯이, 꺾여진 날개의 심리적 대척점에는 현직 팀장과 임원이 있다. 꺾여진 날개의 과거 모습(팀장)이자, 승진했다면 본인이 있었을 자리(임원)다. 꺾여진 날개 본인도 속상하겠지만, 그들과 함께 일하는 팀장과 임원 역시 고민이 많다. 이들을 관리하지 못하면 자신의 리더십이 흔들리기 때문이다.

딴지 대마왕의 대척점에는 최근 입사한 사원과 대리들이 있다. 일을 잘할 수 있도록 도와주기보다는 '예전에 나도 다 해봤다'는 전제하에 한마디씩 거드는데 함께 일하기 참 지친다. 셀프 안식년의 반대편에는 한창 치열하게 일하고 있는 과장과 차장들이 있다. 이들은 세대 중간에 끼여 회사 일은 우리가 다하고 있는데 높은 연봉에 느슨하게 일하는 셀프 안식년 선배들을 볼 때마다 박탈감이 밀려온다. 보직 없는 50대의 서로 다른 세 가지 모습에 그들을 바라보는 직원들의 마음 세 가지가 추가된 여섯 가지 모습이 오늘날 우리 조직의 자화상이다.

중년 남자들, 후반전 인생을 다시 뛰려면

지금이야말로 중년 남자들에게 지혜로운 변화가 필요한 시점이다. 먼저 '정해진 미래'를 인식하는 것이 필요하다. 앞서 이 길을 걸어간 선배들을 만나 최근 어떻게 지내시는지 알아보는 것도 한 가지 방법이다. 그 선배의 삶이 짠하다면 나 또한 다르지 않을 가능성이 크다. 그리고 그 선배가 잘 살고 있다면 그 비결이 무엇인지 귀담아들어볼 필요가 있다.

그리고 회사를 '일거리를 주는 고객'이라고 생각해보는 자세도 필요하다. 그것만으로도 일과 회사에 대한 생각이 완전히 달라진다. 잠시 책을 내려놓고 그동안 나의 직장생활을 돌아보자. 회사가 월급을 주면서 일을 시켰지만 그 과정에서 여러 가지 경험을 쌓을 수 있었다. 인생의 어느 시점에 도달하면 무소속 상태로 자기의 길을 스스로 만들어가야 한다. 그리고 자기 실력에 따라 흥하거나 망하는 초소형 사업가로서의 삶을 살아나가야 한다. 좋든 싫든 이는 거부할 수 없는 추세다. 여러 분야에서 쌓은 업무 경험은 초소형 사업가로서의 앞날에 큰 도움이 된다.

그러려면 자기 자신을 피해자로 여기지 말아야 한다. 피해자 심리는 위험하다. 그런 마음가짐은 긍정적인 변화 가능성을 차단시키기 때문이다. 나는 회사를 위해 열심히 일했지만 회사가 나를 알아주지 않았고, 따라서 내 잘못은 없으니 나는 피해자이고, 내가 바뀔 이유가 없는 것이다. 그러나 당신은 피해자가 아닐 가능성이 크다.

미래의 불편함에 대비하려면 어쩔 수 없이 현재의 불편함을 자처해야 한다. 좋은 직장에서 안정적으로 근무하는 사람들일수록 연봉, 학력, 명함 빼고 자신을 새롭게 만들어봐야 한다. 그러한 미래를 위해 지금 매일의 일상을 좀 더 충실하게 채워 나가는 것이 핵심이다.

지금 당신은 시간을 유익하게 보내고 있는가?

오십 이후, 어디로 가야 하는 것일까

남자들이 느끼는 자신감은 대개 사회적인 혹은 경제적인 지위와 관련되어 있다.

_게일 쉬이, 저널리스트

"요즘 친구들하고 제일 많이 하는 이야기가 '언제까지 버틸 수 있을까?'예요. 옛날 같으면 한 시간이면 끝날 일이 반나절씩 걸린다거나 전반적으로 업무수행 능력이 예전만 못한데 55살까지 다니고 60살 정년까지 버틴다고 버텨질까 하는 고민을 자주 합니다."

"한참 선배였던 팀장님이 보직을 잃고 평사원이 돼서 저한테 존댓말을 하더라고요. 어제까지 '야, 인마…'라고 부르던, 되게 친하게 지냈던 선배인데도 '나는 그냥 사원이다, 똑같이 실무를 하는 사람이다, 이제 부서장이 아니다…'라고 체념하고 받아들이려는 것 같았어요."

중년 남자들은 자신이 조직의 중심에서 서서히 밀려나고 있다고 느끼기 시작하면 그때부터 뭔가 빼앗기고 잃어버린 느낌, 무시당하는 느낌, 쓸모없어지는 듯한 느낌을 받는다. 그리고 자신의 업무 능력이 점점 떨어지고 있음을 실감하면서 자신감도 잃는다.

'그래도 열심히 살았는데 내 인생이 이게 다인가?' 하는 허무함도 느낀다. 이들이 더 불안한 이유는 퇴직 후 특별한 일거리 없이 시간을 보내거나 경제적으로 어려움을 겪는 선배들을 너무 많이 보기 때문이다. '나도 저렇게 되면 어떡하나' 하는 걱정이 앞선다.

가장 큰 문제는 나이가 들면서 그동안 해왔던 일이 귀찮아지고 옛날처럼 꼼꼼히, 열심히 하려는 마음이 줄어든다는 점이다. 이전에는 자료도 많이 찾아보고, 필요한 내용들을 기록하거나 보관해놓기도 하고, 결과물을 일목요연하게 정리해놓기도 했다. 그만큼 열정이 있었다. 그런데 점점 나이가 들면서 전부 말로 때우고 싶다는 생각을 자주 한다.

여기에 열심히 일한들 진급이 되거나 보직을 받을 것 같지도 않다. 사실 직장생활에서 가장 중요한 동기는 승진과 돈인데 그 기회가 점차 사라지는 것이다. 여기에 '직장생활이 얼마 남지 않았다'라고 생각되니 자꾸 의욕도 떨어진다. 이런 현상이 바람직하지 않다는 점을 잘 알면서도 사람 마음이라는 게 쉬이 바뀌지 않는다.

"갈 때 가더라도 나갈 때까지는 뭔가 열심히 찾아내고 새롭게 하려고 하는 게 맞는 것 같은데 그게 잘 안 되더라고요."

머리로는 알아도 마음이 안 가고 몸이 따르지 않는다. 이런 무력감과 귀차니즘은 임금피크에 들어가면 절정에 이른다. "'임피'에 들어가면 진급될 일도 없고, 어차피 직장생활 얼마 안 남았는데 자꾸 귀찮아지죠. '아, 그냥 이 정도만 해야 되겠네…'라는 생각이 들죠. 그냥 버티는 겁니다. 한 달 버티면 월급 나오는데 어디 가서 이 월급 받겠어요."

그 과정에서 간혹 후배들 눈치도 보이고 자격지심을 느끼기도 한다. '저 선배 일은 제대로 하나?', '제대로 판단은 했나?' 후배들이 이런 의심을 하지 않을까 신경 쓰인다. 특히 '월급 루팡' 같이 기성세대를 비하하는 말들을 들을 때면 화도 나고 억울하기도 하다. 시키면 시키는 대로 묵묵히 참고 일하면서 여기까지 왔는데, 후배들 밥 사주고 술 사주며 나름 신경 쓰고 챙겼다고 생각했는데, 이제 와서 회사도 후배도 자신들을 존중하지 않는다고 느낀다. "우리 입장에서는 서글픈 일이죠. 애물단지 취급받는 것 같아 자존감이 땅에 떨어진 느낌이에요."

때론 경험과 노하우가 장애물이 된다

귀차니즘만의 문제는 아니다. 이들의 많은 경험과 노하우가 오히려 발목을 잡기도 한다. 이미 생각이 굳어 있고, 이런 생각이 잘 바뀌지 않아 적응력도 떨어진다고 느낀다. 이들도 과거에는 어떤 상황이나 문제에 대해 토론하고, 때로는 상대와 다퉈가면서까지 답을 찾아가곤 했었다. 그만큼 열정도 있고 사고방식도 유연하고 개방적이었다. 그런데 이제는 몇 마디 서론만 들어도 '이건 답이 없겠네', '이건 이렇게 하면 되겠네' 하고 머릿속에 결론부터 떠오른다. 오랜 직장생활과 많은 업무 경험이 상황을 빠르게 이해하고 빠르게 결론 내리게 한다. 업무 능력이나 집중력이 떨어진다기보다 중요도나 가능성 측면에서 '쓸데없는 걸 왜 저렇게 하지?' 싶은 생각 때문에 '된다'와 '안 된다'를 판단하는 건데 도리어 일을 안 하려고 회피한다는 오해를 받는다며 이들은 억울해한다.

"얼마 전에 자산운영위원회의 전문성이 어떤지 확인해달라고 후배가 자료를 들고 왔더라고요. 그런데 이게 하루이틀 검토해서 판단할 수 있는 문제가 전혀 아니거든요. 나는 그걸 아니까 '그거 안 돼'라고 했더니 그 후배는 '저 선배, 귀찮다고 안 하려고 하는구나' 이러는 거죠. 내가 그간의 경험을 가지고 상황 판단을 해보니까 그렇게 안 해도 되고, 그렇게 할 수도 없는 일이라는 판단이 섰기 때문에 '됐어' 이렇게 얘기를 했는데, 그걸 경험해보지 않은 후배들 입장에서는 '저 선배가 귀찮으니까 일 안 하려고 뺀질거리는구나' 이렇게 생각하는 거예요."

문제는 이런 다양한 경험이 중년의 발목을 잡는다는 사실이다. 세상에 대한 관심과 호기심이 줄어드는 데다가 더 큰 문제는 다른 사람의 이야기가 귀에 잘 들어오지 않는다는 데 있다. 그래서 나와 의견이 다른 사람을 만나면 '상식적으로 말이 되나?', '도대체 생각이라는 게 있는 건가?' 싶은 마음에 짜증과 화가 치밀어 오르기도 한다. 그러다 보니 토론을 해서 합의점을 찾아가는 과정이 너무 귀찮고 힘들게 느껴진다. '이걸 그냥 원만히 끝낼까 말까', '어느 정도 수준에서 결론을 내릴까', '어떻게 타협을 할까'라는 생각 때문에 토론을 해서 답을 찾겠다고 덤비지 않게 된다.

상사를 만나러 가는 상황에서도 비슷한 경험을 한다. 상사가 무슨 이야기를 할지 뻔히 예상이 되니까 듣기가 싫다. 상사가 하는 이야기도 결국 내 머릿속에 있는 답과 거의 유사하다. 몰라서 안 하는 게 아니다. 알고 있지만 하기 어렵거나 또는 하기 싫어서 덮어놨던 일을 지적하고 시킨다. 그러니까 더 하기 싫고, 그 상황을 자꾸 피하게 된다. 이들이 더 힘든 건 이런 상황을 훤히 알고 있지만 특별히 바꾸고 싶지도 않다는 것이다. 그럴 만한 이유도 없고 그걸 극복할 만한 목표나 동기도 없다.

새로운 업무 환경이나 기술 변화도 이들을 어지럽게 만든다. 애써 따라잡았다 싶으면 또 한걸음 달아나고, 이제 좀 알 만하다 싶으면 어느새 새로운 기술이 등장한다. 새로운 정보나 지식은 디지털 기술을 통해 빠르게 만들어지고 공유되는데, 젊은 세대들이 훨씬 빨리 찾고, 빨리 습득하며, 빨리 가공해서 써먹는다. 손발이 느려지고 감각도 떨어진 중년들은 이들을 당해낼 재간이 없다. 또 오랜 시간 쌓아온 직장생활의 경험이나 자신이 담당한 업무에 대한 전문성이야 자신 있지만 새로운 일이나 같은 업무라도 새로운 방식이 필요한 경우에는 예전만큼 적응이 쉽지 않다고 느낀다.

기억력도 예전만 못하다. 새로운 업무든, 새로운 지침이든, 기억도 잘 안 나고 활용하는 것도 부담이 된다. 그렇다고 매번 모른다고 하자니 자존심 상하고, 후배들 붙들고 자꾸 물어보기도 미안하다. 그래서 시간이 갈수록 비교되고 위축된다. "요즘 '나이 들면 집에 가야 하는 게 맞는 거 아닌가' 하는 생각을 자주 합니다. 할 일이 없어요. 어린 직원들이 저보다 훨씬 더 많이 알고 훨씬 더 잘하더라고요. 그게 피부로 확실히 느껴지거든요."

사실 회사도 중년의 직원들에 대해 양가적인 관점을 가진다. 이들은 누구보다 열심히 일하고, 회사를 위해 희생도 할 줄 아는 신뢰할 만한 사람들이다. 그러나 동시에 높은 임금에 비해 생산성은 상대적으로 떨어진다. 그래서 때론 회사는 이들에게 한 번도 해본 적 없는 직무를 맡기면서 '어디 한번 버텨봐라'는 식으로 내몰기도 한다. 예를 들면 평생 해왔던 일을 하면서 그 부서에서 사원 역할을 할 것인지, 아니면 전혀 모르는 부서에 가서 새로운 업무를 할 것인지 선택의 기로에 놓이게 하는 것이다. 이렇게 회사는 이들에게 참고 견디든지 아니면 알아서 나가든지 양자택일을 강요한다. 당하는 본인도 괴롭고 그것을 보고 있는 후배도 모두 지옥이다. 그래서 중년 남자들은 외부 바람에 휘둘리지 않았으면 좋겠다는 소박한 소망을 갖기도 한다.

임금피크에 들어가면 자존심은 더 상하게 된다. 중요한 업무에서 배제시키거나 급여가 줄어드는 만큼 근무시간을 단축시키기도 한다. 물론 중요하고 어려운 일을 하지 않거나 근무시간이 단축되면서 몸이 편해지고 여가시간이 늘어난다는 긍정적인 측면도 없지는 않다. 그러나 한편으로는 그만큼 조직에 있어도 그만, 없어도 그만인 잉여인력 같은 존재라는 의미이기도 하다. 몸이 편한 것 이상으로 자존감이 무너지고 마음에 상처를 입는다.

일도 재미없고 제대로 된 역할도 주어지지 않으니 당연히 회사생활도 즐거울 리 없다. 생활이 전체적으로 무기력해지고 느슨해진다. 뭐라도 시작해보고 싶은데 그러기에는 자극도 없고 에너지도 부족하다. 뭔가 해야겠다는 막연한 생각, 아무것도 하지 않으면 안 될 것 같은 꺼림칙한 불안과 걱정만 남는다. 그런 찜찜한 마음으로 하루하루를 보낸다.

시키기만 하니 할 줄 아는 것이 없어졌다

한국 기업의 조직체계는 여전히 권위적이고 위계적이다. 물론 시대가 바뀌면서 많은 변화가 일어나고 있긴 하지만 여전히 나이 많은 사람이, 직급이 높은 사람이 더 많은 권력과 권한을 가진다. 그런데 나이가 들고 직급이 높아질수록 현업에서 너무 멀어진다.

"50대 직장인 중에 부서장이 돼서 본인이 일을 안 하고 시키기만 하는 사람들이 있어요. 우리나라 회사들이 구조적으로 시키는 걸 많이 하게 돼 있거든요. 그래서 일을 시키기만 해본 사람은 어느 순간이 되면 할 줄 아는 게 없어지고 자연스럽게 바보가 돼요."

"부서장이 되고 나면 보고서 만들 때도 웬만한 것들은 주요 내용이랑 목차 정도만 잡아서 던져 주거든요. 그러면 직원들이 한 10장 만들어와요. 자기는 앉아서 체크만 하죠. 이렇게 계속하는 사람들은 어느 순간 보직을 놓고 나면 실제로 할 줄 아는 게 없어져요. 오랫동안 그 일을 안 해봤기 때문에요."

물론 직급이나 역할에 따라 일의 내용이나 방식은 달라진다. 누군가는 열심히 자료를 만들고, 누군가는 현장을 누빈다. 또 누군가는 이런 과정들에 대한 판단과 의사결정을 하기도 한다. 문제는 그동안 우리가 해오던 중간관리자의 '일'이 달라지고 있다는 점이다. 과거처럼 직원들을 소위 '관리'하거나 조직들 사이에 정보를 전달하는 역할은 점점 더 줄어들 것이다. 아마 앞으로의 중간관리자는 어떤 과제의 시작부터 마무리까지 책임을 질 수 있는 프로젝트 매니저가 되거나 영화나 TV프로그램의 제작자처럼 일하는 프로듀서가 될 것이다. 이때 핵심적으로 필요한 능력은 일과 사람에 대한 예리한 판단력과 의사결정 능력이다. 그리고 이것을 해낼 수 있는 전문성과 안목이 반드시 필요하다. 그러려면 중간관리자는 모든 사람의 업무에 대해 어느 정도는 알고 있어야 한다. 어쩌면 어떤 업무는 자기가 직접 처리해야 할지도 모른다. 그러려면 부서장이 되어서도 계속해서 필요한 지식과 정보를 찾아보고 만들어내야 한다. 어떤 측면에서는 활용할 수 있는 시간과 자원이 더 풍부하기 때문에 더 좋은 대안을 발견하거나 제안도 할 수 있을 것이다.

문제는 산업 생태계가 빠르게 변화하면서 조직구조와 체계가 재편되고 있는 것과 달리 조직 내의 많은 50대들은 그런 변화를 맞이할 준비가 되지 않았다는 데 있다. "이러다 보직이 없어지면 어쩌나… 그래서 지금 고민이 많아요." 당사자인 부서장 본인들의 마음도 당연히 편하지 않다.

한 번 멈춘 바퀴는 다시 굴러가기 힘들다

우리는 스스로 전력투구한 것만을 인생에서 돌려받을 수 있다. 많은 중년 남자들이 보직 박탈이나 임금피크를 대충 일하기와 저성과를 정당화하는 기제로 사용한다. 그러면서 정년까지 조용히 지내다가 정년 이후에 새 삶을 만들겠다는 은밀한 꿈을 꾼다. 그러나 이 과정에서 개인의 전투력이 약화되고 새로운 변화를 만들 동력을 상실한다.

심리학적으로 봤을 때 재직 중에 한 번 풀어진 인생의 근육이 정년 이후에 다시 만들어지는 경우는 거의 없다. 계속 굴러가던 바퀴가 앞으로 잘 나아갈 수 있는 것이지, 멈춰 서 있던 바퀴를 다시 굴려 앞으로 나아가게 하려면 엄청난 힘이 필요하다. 이것이 바로 회사가 아닌 나 자신을 위해 계속 움직여야 하는 이유다.

남자에게도 갱년기가 온다

남자들이 머리가 빠지는 것을 두려워하는 이유는 그것이 통제력의 상실을 의미하기 때문이다. 그때부터 우리는 삶에서 우리가 통제할 수 없는 것들이 있음을 깨닫게 된다.

_게일 쉬이, 저널리스트

"두세 해 전에 친구 부친상 조문을 갔는데, 장례식장 한편에 머리가 희끗한 동네 아저씨들 한 무리가 있는 거예요. 다가가 보니 고등학교 동창들이더라고요. 순간 저 '아저씨들'이 나랑 동갑이라고? 싶어 정말 깜짝 놀랐어요."

50대가 되면 세월이 정말 빠르다고 느낀다. 취직하고, 결혼하고, 아이들 키우면서 앞만 보고 달렸다. 덕분에 어느 정도 경험과 성과를 쌓았다. 그러나 돌아보면 여전히 아쉽고 후회되는 일이 많다. '열심히 살다 보면 잘 되겠지', '높은 자리까지 올라가고 성공도 할 수 있겠지' 하고 생각했다. 그렇게 되면 더 여유 있고, 풍요로울 거라 기대도 했다. 그런데 채우지 못한 게 너무 많다. 삶은 여전히 팍팍하고 그다지 여유도 없다. 딱히 내세울 만큼 뭔가 이룬 것도 없다. '열심히, 부지런히 살았다' 정도의 마음, 그것뿐이다.

더 서글픈 사실은 과거의 시간들을 돌아봤을 때 '나 자신'을 찾기 어렵다는 것이다. "하고 싶은 걸 누군가 물어보면 뭐가 하고 싶은지 금방 안 떠올라요. 사라져버린 거죠. 그게 되게 슬퍼요."

일찍 퇴근해 시간 여유가 생겨도, 주말에 혼자 지낼 수 있는 시간이 생겨도 막상 하고 싶은 것이 별로 없다. 많은 남자들이 중년기에 접어들면서 몸도, 마음도, 기분도 모두 예전과 다르다고 느낀다. 그리고 이 상황이 낯설기만 하다.

몸은 무겁고 에너지는 떨어지는 시기

A: 오늘은 새벽 다섯 시 반에 깼어. 전에는 자다가 중간에 깨도 바로 잠들었는데 요즘은 한 번 깨면 다시 잠에 못 들어.

B: 새벽에 일찍 깨는 건 나도 마찬가지야. 젊을 때는 전날 술 많이 마시고 나면 아침에 일어나기 너무 힘들었는데 오십 지나고 나서는 술을 아무리 먹어도 일정한 시간에 눈이 떠지더라고.

C: 그리고 자고 일어나도 몸이 맨날 찌뿌둥해. 몸이 개운하지 않고 무거워.

A: 나는 노안이 정말 싫어. 책을 봐도 금방 집중력이 떨어지고 기억력도 떨어지는 건 잘 안 보여서 더 그런 것 같아. 당장 오늘만 해도 모니터 모델명을 봐야 하는데 잘 안 보이니까 안경 벗고 눈을 찌푸리면서 봤어. 이럴 때 서글프고 불편하지.

그렇다고 노안 수술을 하기는 부담스럽고.

D: 그럴 때면 나는 아예 스마트폰으로 찍어. 그다음에 그걸 확대해서 봐.

C: 내 머리카락 빠진 것 좀 봐. 머리카락에 힘도 없고, 머리 감으면 한 주먹씩 빠지고. 우리가 진짜 나이를 많이 먹은 거지.

어느새 중년이 된 친구들의 푸념이다. 여성은 호르몬 변화가 일어나는 폐경기가 있는 반면, 남성은 호르몬 변화가 서서히 일어나 중년을 경험하는 시기에 개인차가 심하다. 또한 여성들처럼 전형적인 증상도 없다 보니 일부는 갱년기를 인식하지 못하기도 한다. 그래도 보통은 탈모, 흰머리, 노안, 뱃살 같은 외모의 변화나 젊은 시절에 비해 '체력이 떨어졌다', '예전만 못하다'는 신체 증상을 경험하게 되면서 중년이 됐음을 인식한다. "해마다 건강검진 받으면 뭔가 하나씩 이상한 수치들이 나오잖아요. 콜레스테롤 수치니 혈압이니 뭐 이런 게 올라가니까, 이제 젊지만은 않다고 느끼게 되죠."

남자들이 건강검진에서 이상이 발견되고, 머리카락이 빠지고, 노안이 오는 것을 두려워하는 이유는 그것이 '통제력의 상실'을 의미하기 때문이다. 그때부터 삶에서 자신이 통제할 수 없는 무언가가 있음을 깨닫게 된다. 그러면서 슬퍼하고 우울해하고 무기력해한다. 이럴 때 여자들은 자신의 감정을 좀 더 적극적으로 표현하는 편이다. 친구들과 수다를 떨고, 울기도 하고, 맛있는 음식을 먹으며 스트레스를 푼다. 이에 비해 남자들은 자신의 감정을 애써 억누르거나 덮는다. 다른 사람에게 털어놓지도 않고 묻지도 않는다. 분명 마음에 병이 생기는데 겉으로 드러나지 않고 깊어져만 간다.

여기에는 남자는 강한 모습만 보여야 한다는 어린 시절의 학습 경험과 사회 통념이 작용한다. 약점을 노출하는 것은 곧 패배를 의미하는, 경쟁 사회에서의 생존 방식도 영향을 미친다. 그러다 보니 노화로 인한 쇠퇴를 남들에게, 특히 다른 남자들에게 보이고 싶지 않은 것이다. 이런 중년 남자들을 '거품 청년'이라고도 부른다. 겉으로는 과시적이지만 사실은 신체적으로 쇠약하고 심리적으로 힘든, 거품 가득한 아저씨들을 빗댄 말이다.

눈물이 흔해지지만 공감 능력은 떨어지는 시기

A: 예전에는 드라마를 봐도 시큰둥했는데 요새는 보다가 울컥해져서 눈물이 날 때도 있어.

B: 나도 지금까지 영화 보면서 운 적이 없었거든. 근데 요즘은

별로 감동적이지도 않은 걸 봐도 눈물이 나. 특히 어머니 관련된 장면이 나오면 무의식중에 눈물이 나서 민망해.

이들도 한때는 '상남자'였다. 그런데 이제는 드라마를 보다가도, 〈인간극장〉 같은 다큐멘터리를 보다가도 시도 때도 없이 눈물을 글썽인다. 그러면서 그런 자신의 모습에 민망해한다. '남자는 태어나서 세 번 운다'는 말이 이들에게 낯설지 않은 것처럼 유교 문화권에서 자라난 한국의 중년 남자들은 감정 표현을 억제하도록 교육받았다.

직장생활을 하면서도 솔직하게 감정을 표현하거나 내면적 특성을 드러내는 일은 나약한 것이라고 배웠다. '흥분하지 마', '감정적으로 처리하지 마', '뭘 그만한 일로 화내고 그래, 소심하게'라는 말들을 일상적으로 들어왔다. 감정을 억눌러야 한다는 메시지를 매일같이 들으며 생활했고, 남성성이 중시되는 조직사회에서 이런 특성을 드러내는 것은 곧 약점의 노출이라고 생각해왔다. 회사 역시 논리적·이성적·객관적 사고는 일하는 데 중요하다고 여긴 반면, 감정이나 정서 등은 불합리하고 수준이 낮다고 업신여겼다. 이러한 생존 방식에 누구보다 최적화되어 있는 중년 남자들은 의도적으로, 그리고 지속적으로 자신의 감정을 무시하고 억눌러왔던 것이다.

잠깐 질문을 해보려고 한다. 지난 일주일 동안 당신이 느꼈던 '감정'들을 떠올려보자. 어떤 감정을 느꼈었는가? 1분 동안 한 번 적어보자.

얼마나 적었는가? 생각보다 많은 사람들이 이러한 질문을 받았을 때 자신이 느꼈던 감정을 몇 개 적지 못한다. 겨우 한두 개 적어 내는 사람이 대다수다. 대부분의 중년 남자들은 이런 질문을 받으면 당황스러워한다. '내가 그래도 제법 배운 사람인데', '내가 그래도 직장생활 짬밥이 몇 년인데… 이럴 수가!' 직장생활의 짬밥 따위는 필요 없다. 그들은 정서나 감정을 경험하고 살긴 하지만 그것을 잘 '인지'하지 못한다. 자신의 감정을 무시하고 억압한 결과로 나타나는 문제는 공감 능력의 부재다. '내가 지금 기쁜지, 슬픈지, 화가 나는지, 신이 나는지' 알아차리는 능력이 사라지자 다른 사람의 감정을 이해하고 공감하는 능력도 함께 약화되는 것이다. 이런 공감의 부재는 가족 간의 관계에서 그 취약성을 더 크게 드러낸다.

"그 아줌마 진짜 이상해. 같이 모임을 했으면…." 아내가 아랫집 아줌마와 다툰 이야기를 꺼냈다. 이럴 땐 아내의 편을 들어주면서 맞장구를 쳐주면 되는데 "그 사람은 이런 문제가 있고, 당신은 저런 문제가 있고…." 하면서 답을 주려고 한다. 이러니 아내가 당연히 남편과 시간을 같이 보내고 싶지 않은 것이다. 여성들이 나이 먹고 누구와 함께 시간을 보내고, 누구와 함께 여행을 가려고 할까? 공항에 한 번 가보시라. 아주머니, 할머니 친구들이 부부 여행객보다 훨씬 많다.

도대체 한국 남자들은 왜 그럴까? 이들에게 1순위는 '일'이다. 누군가 문제를 가지고 오면 자신에게 해답을 요구한다고 생각한다. 아내의 이야기는 곧 '문제'이고, 자신은 그 '문제'를 해결하는 '일'을 해야 한다고 생각하는 것이다. 반면 제일 힘들어하고 못하는 것이 가까운 사람들의 감정을 읽고 알아차리는 일이다. 한국의 중년 남자들에겐 공감이 어렵다. 남자들이 공감하는 것을 싫어하거나 공감할 마음이 없어서가 아니다. 긴 시간 동안 자신의 감정과 정서를 무시하고 억눌러오다 보니 그런 능력이 거의 사라졌거나, 아직 많이 해보지 않아서 어색하고 자연스럽지 않은 것이다.

사회생활에서도 부족한 공감 능력은 이들을 환영받지 못하는 아저씨로 만든다.

A: 대부분의 중년 남자들은 남의 말을 잘 듣지 않아요. 아저씨들이랑 술 먹으면 왜 이렇게 자기 얘기만 하나 싶어요.

B: 그게 아재의 특징이에요. 자기 할 얘기가 너무 많은 거예요. 어느 정도 이해는 되요. 살면서 사연이 얼마나 많았겠어요. 그런데 그 얘기가 지금 이 자리에 어울리는지, 저 사람이 흥미로워할 만한 내용인지 판단해야 하는데 말이죠.

A: 맞아요. 전혀 판단하지 않아요. 어떤 아저씨는 나무에 꽂혀서 나무 얘기만 주구장창하는 사람이 있고, 시종일관 텃밭

애기만 하는 사람도 있어요. 그러면 더 이상 그 사람을 만나고 싶지가 않죠.

사람은 누구나 어느 정도는 자기 이야기를 하고 싶어 한다. 인정 욕구도 있고 자기표현 욕구도 있다. 그리고 중년에는 이런 욕구가 더 두드러진다. 이 시기에는 자신의 인생을 재평가하고, 자신의 지식과 경험을 토대로 다른 사람들에게 영향력을 발휘하고 성취감을 느끼고 싶어 하기 때문이다. 그런데 이런 욕구들이 공감능력 부재와 결합하면서 이상한 훈시를 늘어놓는 아저씨가 탄생하는 것이다.

또 다른 문제, 집안일이라는 새로운 부담

나이를 먹고 사회적 역할이나 관계가 변하면서 가정에서도 변화를 경험한다. 특히 배우자와의 관계가 중년 남자들의 갱년기 경험에 크게 영향을 미친다. 이들 중년 남자들은 예전부터 집안일은 아내의 몫이라고 여겼다. 자신의 역할은 집안의 가장으로서 가족들을 먹여 살리는 일이라고 생각했다. 이런 생각은 남자들의 언어에서도 잘 드러나는데, 집안일은 '하는 것'이 아니라 '돕는 것'이라고 표현하는 사람들이 많다. 특히 치열한 경쟁에서 승리하고 그 결과로 사회적 지위와 부를 얻어 '가족들을 먹여 살려야 한다'고 생각하는 남자일수록 집안일을 자기 일이라고 생각하지 않는다.

"저는 애들을 어떻게 키웠는지 기억도 잘 안 나요. 와이프 이야기로는 연년생인 애 둘이 어릴 때 제가 기저귀 한 번 안 갈아줬대요."
"30년 동안 아침 다섯 시 반에 나가면 열한 시에 들어왔어요. 와이프도 내 연봉이 나쁘지 않으니까 그냥 존중해주는 거죠. 자기가 집안일과 육아를 전담하면서 내조를 해준 거고요."

중년 남자들이 겪는 심리적 어려움의 상당 부분은 배우자와의 관계에서 기인한다. 나이가 들면서 남자들의 가사 분담은 부부 관계를 위태롭게 할 가능성이 높다. 물론 중년 남자들도 할 말은 많다. 일과 삶의 균형은 최근 몇 년 사이의 변화다. 예전에는 다들 워라밸 없이 바쁘게 살았고 그렇게 일해야만 직장에서 생존이 가능했다. 그러다 보니 자연히 가족과 함께하는 시간은 부족할 수밖에 없었다. 어쩔 수 없이 가정생활이나 자녀양육은 전적으로 아내가 책임지는 구조였다.

그런데 요즘은 세상이 달라졌다. 이제는 회사일 때문에 집안일을 면제받는 시대가 아니다. 시대가 달라졌으니 그에 맞춰 행동도 달라져야 하는데 그게 쉽지가 않다. 그래서 중년 남자들에게 집안일에 대한 갈등과 심리적 부담은 갈수록 커지고 있다.

A: 집에서 부엌을 드나드는 일이 많아졌어. 밥도 하고, 설거지도 하고. 또 빨래를 하거나 청소도 하지. 이전과 똑같이 직장생활을 하고 있는데도 집안일 하는 횟수가 늘어났어.

B: 예전에는 아들이 청소기를 돌렸는데 군대에 가버려서 이젠 내 일이 되어버렸어.

C: 옛날 같으면 주말에 와이프한테 아침밥 차리라고 할 텐데, 요즘은 그러면 안 되겠더라고. 그래서 금요일 퇴근할 때 빵 사가지고 들어가. 식탁에 빵 올려두면 토요일 아침에 식구들이랑 그걸로 먹지.

A: 이젠 신기한 게 집안일이 자연스럽게 눈에 들어온다는 거야. 예전에는 일이 바빠서 그런 게 안 보였는데 이제는 해야 할 일들이 보이더라고.

이렇게 달라지고 있는 사람들도 있지만, 여전히 맞벌이를 함에도 집안일을 적극적으로 하는 중년 남자들의 비율은 생각보다 많지 않다. 40대는 50대 남자들의 이런 모습에 대해 이렇게 얘기한다.

"아직 성역할에 대한 고정관념이 한국 남자들에게 뿌리 깊이 남아 있는 것 같아요. 문제는 남자들은 변하지 않으려고 하는데 여자들은 많이 변했다는 거예요. 20~30대 때는 사느라 바빠서 몰랐지만 40대가 넘어가고 애들이 어느 정도 크고 나면 부부 사이에서도 생각이 갈리죠. 여자들은 '난 참을 만큼 참았다'라고 생각하고, 남자들은 '난 열심히 일한 죄밖에 없다'라고 생각하는 겁니다. 이러다 보니 50대가 넘어가면서 부부 관계가 안 좋아지는 사람들도 꽤 많아요."

중년기 부부는 오랜 세월을 함께 살아왔기에 안정적인 관계를 유지할 것 같지만 되려 심한 갈등을 경험하고 위기를 겪는 경우가 생각보다 많다. 심리학, 사회학, 가정학 등 수많은 연구 결과를 보면 가사 분담에 대한 불만족도가 높아지면 배우자에 대한 신뢰와 믿음이 약해져서 이혼이나 별거와 같은 경험을 할 가능성이 높다. 우리나라의 경우 실제로 혼인 지속기간이 20년 이상인 부부의 이혼이 2016년에는 전체 이혼의 30.4퍼센트를 차지했는데, 이는 OECD 평균인 26퍼센트보다도 높다.

이렇게 한국의 중년 남자들은 사회에서, 가정에서, 그리고 자기 내면에서 이런 크고 작은 아픔들을 경험한다. 그러다 어느 날 '사는 게 왜 이리 힘든가', '뭐 하려고 이리 아등바등 사나', '왜 이리 재미가 없고 허무한가', '요즘은 왜 이렇게 화가 치밀어 오르지?' 같은 생각을 하게 된다. 그래서 마음의 병, 몸의 병을 호소하는 사람들이 꽤 많다.

여기서 앞으로 나아갈 수 있는 방법은 사실 단 하나다. 가족이든 친구든 누군가에게 마음속에 묻어놨던 이야기를 꺼내는 것이다. 조금씩 내놓고 표현해야 한다. 그 대상이 아내라면 더없이 좋다. 자기 감정 속에서 침몰하지 않으려면 내가 먼저 표현하고 털어내는 방법밖에는 없다.

퇴직 통보를 받았습니다

누군가 당신에게 회사는 진정으로 직원들을 염려하고 있다고 속삭인다면, 한 번 이렇게 주문을 외워보세요. 아주 간단해요. '거짓말! 거짓말! 거짓말!' 그러면 모든 환각의 위험에서 벗어날 수 있죠.

_릭 코헨

"저녁에 집에 와서 아빠가 좀 쉬면서 새로운 길을 찾아야 할 거 같다고 하니, 딸내미가 막 울더라고요. '너 왜 우냐?' 그랬더니 '아빠가 퇴직하면 학원에 못 다니느냐, 집 이사 가야 하냐'고 하더군요. 그때가 제일 가슴 아팠죠."

"그해에 두 번에 걸쳐서 회사에서 명예퇴직을 신청받았는데, 몇 푼이라도 줄 때 나가자고 생각해서 얼른 나왔죠. 솔직히 제 발로 나왔다기보다는 밀려 나온 거죠. 굉장히 무섭고 두렵고 공포스러웠어요. 왜냐하면 50대 때 실패하면 다시 회복이 불가능하다는 그런 불안감 있잖아요. 나가서 뭘 하긴 해야 하는데 실패하면 어떡하나… 그런 게 제일 두려웠어요."

벼락 맞은 중년 남자들

직장생활을 시작하면 누구나 반드시 '퇴직'이란 걸 경험하게 된다. 누군가는 자신의 의사에 따라 퇴직을 하고, 누군가는 '정년'

이라는 예정된 시점에 퇴직을 하며, 또 누군가는 어느 날 갑자기 '강요된 퇴직'을 한다. 중년기에 우리가 소위 회사에서 '잘렸다', '벼락 맞았다'고 표현하는, 갑작스럽게 강요된 퇴직은 말 그대로 드라마틱하게 펼쳐진다. 어떠한 형태가 되었든 퇴직은 개인의 삶에서 매우 중요한 사건이다. 그리고 이 사건은 삶의 방식을 완전히 변화시키고, 전혀 다른 삶의 풍경을 마주하게 하면서 다양한 심리적 변화를 경험하게 만든다. 누군가에게는 새로운 삶의 방식을 찾는 기회가 되기도 하지만 또 다른 누군가에게는 인생을 뒤흔드는 심각한 위기가 되기도 한다.

벼락을 맞은 중년 남자들은 대부분 유사한 심리적 경험을 한다. 대부분의 사람들이 '나는 특별한 경우'라고 생각하지만 안타

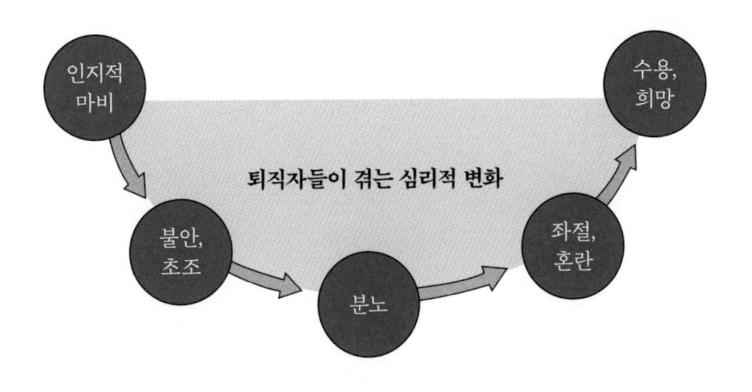

깝게도 그것은 착각이다. 인간의 삶은 평균에서 벗어나기가 쉽지 않다. 이들은 퇴직 후 인지적 마비, 정당화, 의기소침, 불안, 초조, 분노, 좌절, 패배감, 수용, 희망으로 이어지는 복잡한 심리적 변화 과정을 거친다. 그리고 이러한 다양한 정서들은 한데 뒤섞여 몰려온다. 그래서 더더욱 복잡하고 혼란스럽다.

대부분의 사람들은 주변에서 벼락이 떨어지고 있음에도 그것이 당장 자신의 문제가 되리라 생각하지 않는다. 필자가 속한 연구소가 한국 대기업 임원들을 대상으로 수백 번에 걸쳐 워크숍을 진행했는데 계약직인 임원들조차 "당신은 앞으로 3년 후에도 이 자리에 있을 것이라고 생각하나요?"라는 질문에 90퍼센트 이상이 '그렇다'고 대답했다. 계약직 임원들의 생각이 이러하니 50대 정규직 남자들은 말할 것도 없다. 이렇다 보니 중년 남자들에게 희망퇴직이나 권고사직은 비자발적이고, 갑작스러운, 엄청나게 충격적인 사건으로 인식된다. 이런 비자발적이고 갑작스러운 퇴직은 마치 외상 경험, 즉 트라우마에 비견할 만하고, 퇴직이라는 사건과 그 이후의 경험 전체에 영향을 미치는 가장 중요한 조합이 된다.

퇴직한 중년 남자들이 가장 먼저 마주하는 심리적 변화는 '인지적 마비'다. 이는 퇴직한 첫날 아침, 갈 곳이 없어진 낯선 경험에서 시작한다. 모든 것이 달라진 일상 속에서 어찌할 바를 몰라 하고, 존재감이 사라져 텅 비어버린 시간을 보내면서 극심한 충격에 휩싸여 머리가 멍해지는 듯한 경험을 한다.

"아침에 일어났는데 갈 데가 없는 거예요. '어? 오늘부터 출근 안 해도 되지'라는 생각이 드니까 당황스럽기도 하고…."
"지금 돌이켜보면 참 나태하게 살았죠. 퇴직하고 나면 주변에 누가 뭐라 할 사람이 한 명도 없잖아요. 직장생활을 했을 때는 딱 시간표대로 움직이는 게 있었는데, 퇴직하고 나니 갈 데도 없고 오라는 사람도 없고 특별히 할 일도 없으니까 사람이 이상하게 변하더라고요."

인지적 마비는 예상치 못한 재난뿐 아니라 해고나 실업 같은 심리적 외상 사건을 경험했을 때, 멍하고 둔한 느낌이나 이해력의 저하 같은 문제를 일으킨다. 퇴직한 많은 사람들이 이런 경험을 하는데 대부분 이런 상황에서 자신이 어떻게 행동하고 대처해야 하는지 판단을 잘 하지 못한다. 누구보다 뛰어난 인지 능력과 정확한 판단 능력으로 성공적인 커리어를 만들어왔던 사람들인데도 이러한 충격적이고 갑작스러운 상황 변화 속에서 '나는 무엇을 해야 하고 무엇을 할 수 있는가'를 물으며 갈팡질팡하는 것이다. "완전히 방향 감각을 잃었어요. 좌표나 나침반 없이 무작정 밤길을 걸어가는 듯한 느낌이에요. 칠흑같이 어두운 밤인데 어느 길로 가야 할지 모르는 느낌, 여기가 낭떠러지인지 도로인지 분간이 안 되는 막막한 느낌으로 인생을 걷는 거죠."

중년 남자들은 몸과 마음도 지쳤으니 이 기회에 좀 쉬어가도 된다며 스스로를 위로하기도 한다. "30년 넘게 직장생활하면서 한 번도 쉰 적이 없었기 때문에 지치기도 했고, 어쨌든 좀 쉬자고 생각했죠. 퇴직한 첫 달은 방학이었어요. 정말 아침에 눈 떠지면 떠지는 대로 약속 있으면 약속 있는 대로 그렇게 편하게 지냈어요." 그러나 말은 이렇게 하지만 속내는 초초하고 불안하다. 퇴직 전에는 '나중에 시간이 생기면 그동안 못한 운동도 하고, 여행도 다녀오고, 취미 생활도 즐겨야지'라고 생각하지만 막상 그 시간이 주어지면 할 수 있는 게 별로 없다. 시간이 남아돌지만 쉬어도 쉬는 게 아니다.

"사람이 불안할 때가 가장 힘든 거잖아요. 나쁜 거라도 내가 확실하게 알 수 있으면 덜한데, 미래가 어떻게 될지 모르니까 계속 스트레스를 받는 거죠."

"외국으로 여행도 가고, 골프도 원 없이 치고 싶은데 막상 그러려니까 돈 쓰는 게 아깝기도 하고, 수입이 반으로 확 줄어드는데 갈 용기도 안 생기더라고요."

이들은 현재의 상황이 어렵고 불안할수록 더욱 비현실적인 비교를 하면서 반추에 빠진다. 과거 잘나가던 시절과 현재 초라한 자신을 비교하기도 하고, 여전히 조직에서 안락함을 누리는 듯한 동료들과 불안정한 삶을 사는 자신을 비교하기도 하면서 더 부정적인 감정을 쌓는다. 그리고 이런 부정적인 감정은 현재 자신의 모습을 있는 그대로 수용하기 어렵게 만든다. "'그래, 바로 자리를 찾아서 보란 듯이 일하는 모습을 보여줄 거야' 하는 생각을 했죠.", "연봉도 적고 열악한 환경에서 근무해야 해서 처음에는 '그 월급 받으면서 뭐하러 고생스럽게 다니나' 하는 생각을 했는데…." 이런 마음을 많이 먹을수록 중년 남자들은 현실과 멀어진다.

남은 건 억울하고 분한 마음뿐

벼락 맞은 남자들은 재취업이나 창업을 시도하지만 현실의 높은 벽에 부딪힌다. 반복된 실패는 초조함을 더하고 그런 초조함은 '조직을 위해 내 청춘을 바쳤는데 그놈들이 나를…'과 같은 분노를 야기한다. 퇴직 통보를 받은 이후 일정한 시간이 지나면서 자신의 모든 것을 잃고 무너지는 듯한 경험 속에서 '내가 왜 잘려야 했는지' 그 이유를 받아들이지 못해서 억울해하고 분해한다.

등산이나 운동으로 몸을 힘들게 만들거나 다른 집중할 거리를 찾아 격한 감정을 억누르고 진정시키려 하지만 그게 생각처럼 쉽지는 않다.

"막 화가 나고 아프면서 밤에 자주 깨는 거죠. 자려고 누우면 '내가 뭘 잘못했는데? 나보다 얘는 더 잘했어? 나이 먹은 것도 죄가 되는 세상이네' 이런 생각이 꼬리에 꼬리를 물죠. 참 안 좋더라고요."

"워낙 충격이었죠. 잠을 못 잘 정도고, 자다가도 새벽에 벌떡벌떡 깨죠. 극심한 스트레스를 받을 수밖에 없어요. 현실적으로 받아들이기도 어렵고 미움, 증오 이런 게 막 생깁니다. 그래서 무조건 집을 나가기로 했어요. 집에 있으면 잡생각만 나고, 울화병이 도지니까."

분노는 차별을 경험하거나 상황이 정의롭지 않다고 생각될 때 느끼는 정서다. 퇴직을 경험한 중년 남자들은 자신의 퇴직이 차별을 받는 것, 불공정한 것이라 생각하고, 그런 회사의 처사를 현실적으로 받아들이고 인정할 수 없기 때문에 분노한다. 이들은 거의 대부분 밤에 잠을 못 자고, 미움과 증오를 느끼고 극심한 스트레스를 경험한다.

처량하고 부끄러운 내 신세

산이 높으면 골이 깊다고 했던가. 좋은 학벌에 좋은 직장에서 소위 잘나가던 사람일수록 갑작스러운 퇴직은 가히 충격적이다. 이들은 갑작스러운 퇴직으로 30여 년간의 직장생활을 통해 쟁취한 지위와 역할을 잃어버렸다. 그리고 그 지위를 통해 가졌던 자신감도 사라지고 다양한 인간관계들도 한순간에 무너져 내리는 경험을 한다. 남자들에게 성공이 유능함의 상징이라면, 퇴직은 동전의 양면처럼 경쟁에서의 패배와 무능을 의미한다. 남들이 보기에는 충분히 괜찮은 삶을 살았음에도 강요된 퇴직 앞에서 이들은 한없이 수치스러워한다.

그래서 오랫동안 함께 일했던 직원들조차 모르게 도망치듯 조직을 떠난다. 평일 대낮에 아파트나 마트에서 만나는 주변 사람들의 시선에 괜히 위축되고 불편함을 느낀다. 친한 친구, 심지어 가장 가까운 아내에게도 자신의 복잡한 심정을 드러내지 못한다. 초라해진 모습을 남에게 보일 수 없기 때문이다. 퇴직은 차마 입이 떨어지지 않는, 남들에게 드러내고 싶지 않은 부끄러운 사건이다.

"제가 아침에 애들 학교 데려다주고 오면 출근하는 사람들을 엘리베이터에서 만나잖아요. 그럴 때 그 사람들의 시선이 의식돼요. '저 사람들은 나를 뭐라고 볼까?' 재활용쓰레기를 버릴 때면 '내가 왜 이러고 있어야 되나' 하는 생각이 들죠."

"아직도 제 퇴직 사실을 모르는 사람도 많죠. 창피해서 알리지 못했어요. '내가 대체 왜?' 이런 생각이 많이 드니까요. 모임에도 한동안 안 나갔죠. 퇴직했다는 걸 스스로도 받아들일 수 없었고 또 알리기도 싫었으니까요."

이들은 과거 회사의 명함과 역할을 가지고 다양한 장소에서 여러 사람들을 당당하게 만났지만 지금은 특별히 내세울 것 없는 그저 평범한 동네 아저씨가 된 자신의 모습을 있는 그대로 받아들이기 어려워한다. 남들이 자기를 보고 어떻게 생각할지 자신이 없는 것이다. "가장 두려웠던 건 '후배들 중에서 누가 나를 만나려고 할까? 내가 힘없고, 빽도 없는데 걔네들이 과연 만나고 싶어할까?' 하는 마음이 드는 거죠. 그런 생각이 드니까 전화를 할 수가 없어요. 후배들한테 부담주기도 싫고. 아마 이젠 만날 일이 없겠죠. 각자 자기들 사는 거 바쁜데 구태여 나까지 챙길 일이 있겠어요?"

많은 중년 남자들은 퇴직 후 부끄러움과 수치스러움을 느낀다. 수치심은 자기가 멸시당한다고 느끼고 매력이 없으며, 바람직하지 않다고 여길 때 느끼는 정서다. 그리고 나쁜 짓을 했을 때, 실수했을 때, 자기가 바보 같아 보이거나 무능해 보일 때, 다른 사람에게 위신을 잃었을 때 느끼는 정서이기도 하다. 사람들은 수치심을 느낄 때 온몸이 마비된 것 같은 느낌, 심지어는 말이 잘 안 나오거나 정상적인 판단이 불가능한 것 같은 느낌을 경험한다. 이런 수치심은 특히 사람들로부터 배척되거나 따돌림당한다고 생각될 때 훨씬 더 부정적인 영향을 끼치는데, 회사의 중심에서 밀려나거나 '퇴출당한' 중년 남자들이 바로 이런 기분을 느끼게 된다.

가족에게 느끼는 이 서운함이란

퇴직 이후에는 가정도 낯선 공간으로 돌변한다. 벼락을 맞은 남자들이 헌신했던 직장을 떠나 가정으로 돌아오지만 이들은 곧 남편이나 아버지로서 자리를 잡는 것이 쉽지 않음을 느낀다. 남편과 아내 모두, 긴 시간 동안 하루종일 같이 부대껴본 경험이 없기 때문이다. 함께 있는 어색한 시간이 민망하고 불편하다. 삼시 세끼도 혼자서 제대로 해결할 줄 모르는 무능한 남편을 둔 아내에게도, 그런 아내의 눈치를 봐야 하는 남편에게도 이 상황은 모두 쉽지 않다.

30여 년간의 긴 전투를 마치고 큰 상처를 안고 집으로 돌아왔지만 반겨주고 지지해줄 것이라 믿었던 가족들의 작고 사소한 말과 행동에서도 서운함을 느낀다.

"와이프가 안 그럴 줄 알았는데 '삼식이'에 대한 스트레스가 굉장히 많더라고요. 말로는 쉬어도 된다고 하지만 행동이나 표정은 짜증스러워 보일 때가 있어요. 꽤나 많이 다퉜죠. 퇴직 전에는 한 달에 한두 번 티격태격했다면 지금은 한 1.5배는 더 싸우는 것 같아요."

"집은 무조건 나옵니다. 와이프랑 있으면 힘들고 내 처지가 한심하게 느껴지니까 이제는 배낭 메고 그냥 나와요. 자연을 벗 삼는다고요? 벗은 무슨. 자연이 어떻게 친구가 됩니까, 말도 안 되는 얘기지. 그냥 나오는 거예요. 그리고 사무실도 일부로 먼 데로 얻었어요. 집에서도 할 수 있죠. 집에도 컴퓨터 다 있는데. 그래도 무조건 나오는 거예요. 등산도 마찬가지죠. 중년 남자들 중에 자기 집 앞에서 등산하는 사람은 없어요. 다 멀리 가요. 시간이 많이 걸려야 되니까, 시간을 때워야 하니까, 버스랑 지하철 타고 멀리 갈 수 있는 그런 데를 가는 거죠."

차갑게 변해버린 세상 인심

직장을 다니는 한국 남자들에게 대부분의 사회적 관계는 일과 관련이 있다. 남자들은 주로 이들과 술 마시고, 밥 먹고, 골프를 치는데 퇴직하는 순간 그 모든 인간관계가 끝이 나는 경우가 많다. 그러면서 현직 때와는 달라진 사람들의 말과 행동에서 서운함을 느낀다. 직장에서 누렸던 지위의 상실로 가뜩이나 위축된 상태에서 갑자기 달라진 타인들의 태도는 마음의 상처로 남는다. '서럽다', '인생 무상하다'와 같은 우울과 좌절감을 느끼게 된다.

"상대가 나를 함부로 대하는 것 같은 느낌을 받을 때, 그때 기분이 엄청 나쁘죠. 예전 부하직원이든지, 알던 사람들의 시선이 싸늘해질 때 '아, 세상이 참 무섭고 냉혹하구나' 하고 깨닫고는 서러워져요. 실감도 나고요."

"'나를 되게 무시하는구나. 얘네들이 막 대하네…' 하는 느낌을 많이 받아요. 옛날에는 절절맸던, 깍듯하게 했던 사람들인데… 그래서 되게 서운해요. 너무 가슴에 꽂히는 거예요. 요즘 자주 하는 말이 '갓끈 떨어진 신세, 내려놔야지'예요."

"그전에는 나하고 밥 한번 먹으려고 전화를 여러 번 했던 사람들이, 예전에는 내가 전화하면 바로 뛰어나왔던 그 사람들이 내가 전화해도 받지도 않고 부재중 전화를 보고도 연락하지 않고… 그런 차이가 있죠."

직장생활에서 만난 사람들은 퇴직과 함께 대부분 다 떨어져나간다. 비즈니스로 만난 사람들은 비즈니스 관계가 끝나는 순간부터는 완전히 남남인 거다. "한 선배가 퇴직하고 나면 친구들이든 선후배든 우정을 재편하게 될 거라고 하더라고요. 그때는 사실 그 말이 무슨 의미인지 몰랐어요. 그런데 회사 나오니까 이해되더라고요. 저뿐만이 아니라 다른 퇴직자들도 다 마찬가지예요. 해마다 전화번호를 정리하니까 나중에는 가족들과 몇몇 친한 친구들만 남더라고요."

일을 통한 공적 관계가 사라지면서 기존 지인들과의 만남이 줄어들 뿐만 아니라 만난다고 해도 '내가 바쁜데 폐를 끼치는 게 아닐까' 하는 것을 염려하여 위축되곤 한다. 그렇게 시간이 지나면서 점점 회사에서 함께 일하던 후배들이나 지인들에게 연락해도 만나기가 어려워진다. '나를 피하는 건가? 그럴 리 없을 텐데' 하는 생각이 스치지만 그래도 망설여진다. 이들은 서서히 사회적 관계에서 소외당할 뿐만 아니라 스스로 피하고 숨는다. 비자발적이고 갑작스러운 퇴직은 이들을 소리 내 울지도 못하는 중년 남성의 모습으로 남게 만들었다.

삶 속에 들어온 불안을 받아들여야 할 때

평생을 조직 내부에서 주어진 일을 하며 살아온 중년 남자들에게 아무 할 일이 없다는 것은, 그리고 새로운 일거리를 찾는다는 것은 너무나도 낯설고 힘든 일이다. 또 직장생활을 시작한 이후 수십 년 동안 꼬박꼬박 들어왔던 월급이 실직과 함께 사라진다는 사실이 이들을 불안하게 만든다. 실직 기간이 길어지면서 가장으로서 생계에 대한 걱정, 자녀들 뒷바라지와 노부모를 부양해야 한다는 경제적 부담감은 물론, 준비되지 않은 새로운 도전에서 실패할지도 모른다는 생각은 미래에 대한 불안감을 더 증폭시킨다.

"몇 달 지나니까 불안해지잖아요. '뭐 준비됐어? 뭐 결정했어?' 만나는 사람마다 그렇게 물어보는 거예요. 이 사람은 인사말로, 지나가는 말로 던진 말인데 내 입장에서는 돌팔매질인 거죠."

"작년에 33년 만에 처음으로 월급을 못 받는 상황이 생겼습니다. 그러다 보니까 많이 힘들었어요. 불안감과 걱정 이런 게 막 생기니까. 재취업이 안 되면 어떡하지, 뭘 해야 되지…. 진짜 불안해진 거죠."

이런 현실에서 벗어나고 싶어 하지만 쉽지 않다. "퇴직하고 한 1년 반은 자꾸 뒤를 돌아보게 돼요. 좋았던 때를 회상하면서 직장 생활에서 승승장구했을 때, 자꾸 그 시절로 돌아가고 싶은 거죠." 이러한 과정은 아무리 짧아도 1년, 길게는 2년 이상 지속된다. 그리고 정말 중대한 기로는 퇴직 이후 2~3년의 시간이 경과했을 때 발생한다. 이 시기에 좌절하고 패배감에 빠지는지, 아니면 서서히 혼란을 극복하고 수용과 희망의 단계로 나아가는지 갈림길에 선다.

이때 가장 중요한 일 중 하나는 자기답게 사는 법을 이해하고 배우는 것이다. 자기다운 삶을 살기 위해서는 자신이 잘했던 것, 좋아했던 것 등을 찾아 열심히 그것을 추구하려는 노력을 해야 한다. 문이 열릴 때까지 계란으로 바위를 치는 심정으로 계속 두드리는 것이다. 당장 답을 얻어야 한다는 조급함을 내려놓고 자신이 좋아하는 일이 무엇인지 알아내야 한다. 상당한 인내심과 겸손함을 가지고 그 일이 하나의 직업으로서 성숙해질 때까지 꾸준히 해보는 작업이 필요하다. 자기답게 사는 법은 단순히 말이나 생각으로 찾아지거나 만들어지지 않기 때문이다. 결국은 행동만이 사람을 바꿀 수 있다.

더불어 이 시기에 가장 먼저 버려야 할 태도는 '내가 어디서 부장했고 상무했던 사람인데' 같은 쓸데없는 자만심과 허영심이다. 과거 자신의 명함은 더 이상 중요하지 않다. 현재 내가 혼자 힘으로 어떤 결과물을 만들어낼 수 있는지가 더 중요하다. 퇴직과 동시에 경기의 규칙도 바뀌었다. 세상인심이 그렇다. 겸손한 마음으로 새롭게 사는 법을 배워야 한다.

또한 퇴직했다고 위축되지 말고 꾸준히 사람을 만나며 움직여야 한다. "남성은 길을 잃었을 때 다른 사람에게 물어보지 않는다." 사회언어학자 데보라 태넌Deborah Tannen의 말이다. 어려운 일에 직면했을 때 도망가고 싶고 숨어버리고 싶은 건 인간의 자연스러운 행동 양상이지만 한국의 중년 남성들에겐 이 현상이 특히 더 심하다. 그래서 퇴직자들은 자신의 약점을 다른 사람에게 보이지 않으려고 점점 더 높은 자기만의 벽을 쌓고 숨는다. 그러나 그럴 때일수록 누군가 함께해야만 해법이 보이는 법이다. 그리고 기꺼이 도움을 청할 용기도 필요하다.

퇴직 이후 상대적으로 적응을 잘했던 중년 남자들에게는 그들을 응원해주는 사회적 관계가 있었고, 어려울 때마다 손을 내밀어준 사람들이 있었다. 이 관계망 속의 사람들은 정서적인 지지를 보낼 뿐만 아니라 실제로 새로운 아이디어나 통찰을 주기도 했다. 행복은 '어디서'의 문제가 아니라 '누구'와의 문제라는 사실을 다시 한 번 상기해볼 필요가 있다.

그리고 몇 가지 생활 규칙이나 원칙을 세우고 그것을 꾸준히 지키는 일도 필요하다. 공유 오피스 등을 활용해 직장에 다닐 때처럼 규칙적으로 출근을 하거나 자신에게 맞는 계획표나 시간표를 짜서 지키는 것도 새로운 생활에 적응하는 좋은 방법이다. 또 지치지 않고 생활하려면 삶의 활력이 반드시 필요한데 이때 가장 도움이 되는 것이 운동이다. 술을 덜 마시는 것도 중요하다. 일에 대한 부담, 출근에 대한 부담이 사라지면 삶이 공허해진다. 이럴 때 중년 남자들은 흔히 술을 찾는데, 알코올은 우울증을 유발한다. 《미생》에 이런 대사가 나온다. "정신을 맑게 하고 있어요. 취기가 있으면 기회가 와도 아무것도 못 해요. 일이 잘될 때 취해 있는 것도 위험하지만 일이 잘 안 풀릴 때 취해 있는 건 더 위험해요." 정말 맞는 말이다.

마지막으로 어렵고 힘든 상황이지만 성장한다는 마음가짐도 필요하다. 막상 퇴직이라는 역경에 직면해서 어떻게 이 경험을 통해 성장할 수 있을까 고민한다는 것 자체가 매우 어려운 일이긴 하다. 자신을 다른 사람들과 비교하고, 스스로를 비난하며 부정적인 감정을 키워나가기 때문이다. 외상 후 스트레스라는 말이 있다. 우리가 흔히 트라우마라고 부르는 '극심한 정신적 스트레스'를 일컫는 말이다. 이와 반대로 외상을 경험한 사람들의 긍정적인 심리 변화를 일컫는 '외상 후 성장'이라는 말도 있다. 외상 후 성장을 경험하는 사람들은 가족이나 친구 등 친밀한 사람들의 지지를 통해 외상을 극복하고, 그 과정에서 자신의 잠재력과 강점을 확인하면서 새로운 가능성을 발견한다. 이런 긍정적인 심리 변화는 긍정적인 행동 변화를 불러일으키고 개인의 정체성에도 긍정적인 영향을 미친다.

심리학자 캐럴 드웩Carol Dweck은 자신의 능력이 선천적이며 성장에는 한계가 정해져 있다고 믿는 사람들(고정형 사고방식)과 자신의 능력은 유동적이며 변하고 성장할 수 있다고 믿는 사람들(성장형 사고방식)의 성과를 분석했는데, 성장의 마음가짐을 가진 사람들이 위기가 닥칠 때마다 훨씬 좋은 결과를 낳았다고 한다. 삶을 배우고 성장하는 과정이라고 생각하는 사람들에게는 그만큼 배우고 성장할 수 있는 새로운 기회가 찾아오는 법이다. 중년 남자들에게는 아직 걸어가야 할 길이 정말 많이 남아 있다.

다가올 미래, 겪어보지 않으면 모른다

당신은 퇴직 이후의 삶에 대해, 퇴직 이후의 내 모습에 대해 상상해본 적 있는가. 그때의 내 모습은, 그때의 내 심정은 어떨지 상상이 되는가. 아마 흐릿하고 막연한 그림이 그려질 것이다. 이미 퇴직을 경험한 중년 남자들은 단호하게 이야기한다. “당해보지 않으면 모른다."라고.

"사람들은 오늘과 전혀 다른 내일을 상상하지 못한다."라고 유명한 심리학자 대니얼 길버트Daniel Gilbert가 말했다. 길버트 교수는 사람이 배부를 때 허기를 상상하기 어렵듯 현재의 생각, 감정과 전혀 다른 생각, 감정을 미래에 경험하리라고는 전혀 예측하지 못한다고 말했다. 즉, 사람들은 미래를 상상하면서 경험하는 정서가 실제 미래가 닥쳤을 때 경험하는 정서와 같으리라 추측하지만, 사실 미래를 상상했을 때의 그 정서는 지금 자신이 놓인 상황이 어떻느냐에 따라 결정된다는 뜻이다. 다시 말하면 현직에 있는 중년 남자들은 비록 불안함도, 압박감도 경험하기는 하지만 여전히 출근할 회사가 있고, 해야 할 일과 역할이 있고, 매일 만나는 동료들이 있고, 자신을 나타낼 수 있는 명함이 있어서, 그리고 매달 나오는 월급이 있어서 그런 것들이 사라졌을 때를 상상하기 어렵다는 얘기다.

퇴직 이후의 모습과 감정에 대해 지금 하고 있는 상상은 '현재 자신의 경험'에 근거한 것이고, 그러다 보니 현재 상태에서 미래를 예측해서 마음의 준비나 실질적인 준비를 하기란 매우 어렵다.

그렇다면 어떻게 미래를 준비해야 할까? 길버트 교수는 "다른 사람의 실제 경험을 사용하여 자신의 미래 감정을 예측하면 놀라울 정도로 정확하다."고 조언한다. 따라서 우리가 미래에 느낄 감정을 제대로 예측하기 위해서는 다른 사람이 오늘 어떻게 느끼고 있는지 보면 된다. 미래의 우리 감정을 상상하는 일은 그만두고 다른 사람들의 경험을 마치 우리의 경험인 양 사용하는 것이다. 이것이 필자가 퇴직자들의 경험을 이토록 자세히 소개한 이유다. 아직 미래는 오지 않았다. 그러나 다가올 미래를 좀 더 생생하게 알게 된다면 간접경험을 통해 내 미래를 예측해볼 수 있다.

Chapter 2.

인생의 전환점에서 우리가 생각해야 할 것들

당신의 인생 시계는 지금 어디쯤인가

우리는 생활비를 버는 법은 배웠지만 어떻게 살 것인가는 배우지 못했다. 우리의 수명은 늘어났지만 시간 속에 생기를 불어넣지는 못하고 있다.

_밥 무어헤드, 목사

아이가 태어나서 자라는 과정을 한 번 떠올려보자. 태어난 직후에는 아무런 능력도 없던 아이가 태어난 지 백일쯤 되면 목을 가누고, 좀 더 시간이 지나면 스스로 몸을 뒤집을 줄 알게 된다. 몸을 뒤집을 수 있게 되면 배밀이를 하고, 곧이어 무릎을 세워 기며, 한 살 무렵이면 드디어 자신의 두 다리로 설 수 있게 된다. 이렇게 아이들은 특정한 '시기'에 특정한 '과제'를 해결하면서 '성장'한다. 그런데 이런 과제와 성장은 어린아이에게만 해당하는 내용은 아니다. 성인이 되어서도 우리는 특정한 시기에 특정한 과제를 해결하면서 성장한다.

이런 특정한 '시기'에 대한 구분을 심리학자 레빈슨은 사계절에 비유했다. 춘하추동의 사계절과 인생 주기를 서로 연관 지어 은유적으로 설명한 것이다. 또 다른 심리학자인 에릭 에릭슨Erik Erikson은 심리사회 8단계를 통해 인간의 발달은 단계적으로 진행된다고 설명한다. 학자들마다 사용하는 기준이나 용어는 조금 다르지만 분명한 점 하나는 각 단계에는 중요하고 결정적인 시기가 있고, 그 시기마다 그 사람이 해결해야 할 과제가 있으며, 그 과제를 해결하면서 '성장'한다는 것이다.

인생의 단계마다 존재하는 다양한 과제들

레빈슨은 《남자가 겪는 인생의 사계절》이라는 책에서 남자들의 인생, 그리고 변화와 적응 과제에 대한 흥미로운 설명을 들려준다. 레빈슨에 따르면 각 시기는 생물학적, 심리적, 사회적 특성을 가지고 있으며, 모든 시기들이 시작되고 끝나는 뚜렷한 평균 연령이 있다고 한다. 그런데 이 책은 1970년대 미국 사회를 기준으로 하고 있어서 우리의 현실과는 다소 차이가 있다. 그래서 이것을 우리나라의 상황에 맞게 재구성해보면 다음과 같다.

구분	나이	특징과 과제
성인 초기	20대	· 성인기 삶에 대한 가능성 탐색 · 꿈을 형성하고 인생 계획 안에 그 꿈을 배치 · 직업을 선택해서 경력을 쌓아 나가기 · 사랑 관계를 맺어 결혼하고 가족을 이루기
30대 전환기	30대 중반	· 성인기로의 입문 과정 · 성인 세계에서 자신의 위치 확보 · 성인 초기의 선택(직업, 결혼 등) 속에서 안정과 변화에 대한 욕구가 충돌 · 실현 가능하고 자신에게 적합한 삶의 방식을 창조

구분	나이	특징과 과제
성인 초기 절정기	40대 중반	· 사회 속에서 자신의 위치를 굳건히 하기 위해 노력 · 발전을 위해 노력함. 성취, 인정을 얻고자 한다. · 계획한 목표를 성취, 성과를 만들고 많은 성공을 경험 · 직업, 대인관계 및 생활 속에서 점점 자신의 스타일과 기준을 확립한다.
중년 전환기	40대 후반~ 50대 중반	· 성인 초기의 시대를 끝내는 것 · 과거를 재평가하고 환상에서 벗어나야 한다. · 중년기 시작을 위한 새로운 첫걸음 내딛기 : 삶의 방식을 수정 · 청년기 삶의 방식과 중년기에서 요구받는 삶의 방식을 조정
중년 입문기	50대 초반	· 자신을 돌아보며 삶의 의미를 찾게 되는 시기 · 새로운 시기의 삶의 방식을 형성한다 : 선택, 의미 부여 · 가장 중요한 과제는 만족스러운 삶의 방식을 찾는 것

레빈스이 제시한 나이를 현재에 맞게 일부 수정함

먼저 20대를 지칭하는 성인 초기에는 꿈을 탐색하고, 자신의 인생 안에 그 꿈을 배치시킨다. 이 시기에 가장 중요한 과제는 직업을 선택하고 사랑하는 사람과 결혼을 해서 가족을 만드는 것이다. 이 두 가지의 선택이 현명하게 그리고 균형적으로 이루어지면 만족스러운 인생 구조의 바탕으로 자리 잡는다. 물론 최근 한국 사회는 졸업과 취업 연령이 늦어지고 이에 따라 자연스레 결혼도 늦어지고 있지만, 심리학자들의 연구에 따르면 성인 초기의 가장 중요한 과제는 직업 세계에 입문하는 것과 결혼을 해서 가족을 구성하는 것이다.

이런 선택을 통해 20대 후반에서 30대의 시기를 보내는데, 레빈슨은 이를 '30대 전환기'라고 부른다. 이 시기 청년들은 직업 세계에 서서히 자리를 잡아간다. 세상 물정 모르는 신입의 티를 벗고 자신의 업무 영역을 이해하고, 전문성을 기른다. 또 직장 안팎에서 대인 관계, 업무 관계, 여러 이해관계를 경험하고 성인의 삶에 대한 경험도 쌓아가면서 점차 어른의 세계에 스며든다. 한편 이 시기의 청년들은 자기 인생에서 무엇인가를 놓쳐버린 듯한, 또는 무엇인가 잘못 흘러가고 있는 듯한 그리고 더 나은 미래를 위해서는 어떤 변화가 필요하다는 느낌을 갖기도 한다. 현재 자신이 선택한 생활 안에서 안주하고 싶은 욕구와 새로운 선택을 위해 현재의 구조에서 뛰쳐나가려는 충동 사이에서 갈등을 느끼는 것이다. 그러면서 '내가 원했던 것은 무엇인가', '계속 이렇게 살아도 되나'처럼 모호한 불안감과 함께 인생의 방향성에 대해 평가하고 때로는 변화를 시도하기도 한다. 그래서 누군가는 순조로운 시간을 보내지만 또 다른 누군가는 고통스러운 변화의 과정을 겪기도 한다.

"일도 재미없고 뭔가 배운다는 느낌이 없었어요. 배움이 없다 보니깐 미래에 대해 불안했고, 미래에 대한 기대가 없었죠."

"그 회사에서 하는 업무들이 전문지식을 배우지 않고도 할 수 있는 일이었어요. 그래서 '아, 이런 일은 아무나 할 수 있는 거구나, 특별히 내가 가진 지식을 쓸 일이 없구나' 하는 부분에서 큰 괴리감이 왔어요. 제 적성에도 안 맞고 여기에 안주하고 싶지 않았어요."

40대는 '성인 초기 절정기'라 부른다. 이 시기는 사회 속에서 더 굳건한 위치를 형성하기 위해 한층 진지해지고 경쟁적으로 변하는 시기다. 이 시기 남자들은 자신의 꿈과 야망을 추구하면서 경쟁에서 승리하고 승진이나 성공 등을 통해 더 많은 책임과 권한을 가지려고 한다. 한편, 인정을 받고 승진하고자 하는 욕망이 커질수록 사회적 압력에 취약해지기도 한다. 특히 한국 사회의 경직된 조직문화는 개인이 너무 튀거나 잘나가는 모습을 보였을 때, 주변의 여러 시기와 질투가 그의 경력을 위협하기도 한다. 또 승진을 하면 자신들의 영역을 유지하고 지키려는 상급자들의 무언의 압력에 직면하기도 한다. 그러면서 승진을 하고 지위가 높아지더라도 자신의 생각처럼 독립적이고 자율적인 권한이 주어지지 않는다는 사실을 깨닫는다. 자신의 확신에 따라 말하고 행동하는 것은 위험천만한 일이기에 몸을 사리고, 권력자의 기분을 맞추기 위해 너무나도 순응적인 자신을 발견하기도 한다. 스스로 유능하고 자율적으로 행동할 능력이 있다고 자신해온 남자들은 그런 경험을 통해 자존심에 상처를 입는다.

"실무자 때는 상사가 말도 안 되는 지시를 하면 덤벼들어야지 했는데, 막상 그 자리에 가서는 한 번도 그런 적 없어요. 딱 봐서 분위기 안 좋으면 '다시 검토하겠습니다' 이러고 나오는 거죠. 되게 비겁해졌다고도 할 수 있어요."

오십이 넘어가면서 남자들은 중년기에 들어선다. 이 시기는 직업이나 사회적 역할, 삶의 방식 등에서 이전 시기와는 다른 변화를 경험하고, 이에 따라 삶의 여러 영역에서 조정이 불가피해진다. 그래서 누군가에게 중년기는 중요한 목적을 이루지 못한 실패와 실직 같은 문제를 해결하느라 고군분투하는 시기일 수 있고, 또 어떤 사람들에게는 상대적으로 편안한 성취의 시기일 수도 있다. 이 시기에는 위기도 경험한다. 많은 사람들이 아프거나, 만성질환에 걸리거나, 가까운 사람들의 죽음을 통해 상실감을 경험한다. 그러면서 서서히 자신의 인생 역시 변화해야 한다는 현실에 직면한다.

청년기와 중년기 사이, 즉 40대 후반에서 50대 중반 사이에 우리에게는 잘 알려지지 않은 '중년 전환기'라 불리는 시기가 있다. 레빈슨은 이 시기를 환절기에 비유했다. 청년기라는 한여름의 삶에서 가을로 넘어가는 그즈음에 해당한다. 이 시기의 가장 큰 특징은 여러 신체적, 심리적 변화다. 이 시기의 가장 중요한 과제는 청년기 삶의 방식에서 한걸음 물러나 그간의 삶을 되돌아보고 재평가하며 많은 부분에서 이전과는 다른 선택을 하는 것이다. '나는 그동안 무엇을 했는가?', '나에게 소중한 가치들은 무엇이며 그것들은 내 인생에서 어떻게 작동되고 있는가?', '나의 재능과 강점은 무엇이며 그것들을 어떻게 활용하고 있는가?', '나의 재능이나 강점 중에 활용하지 못하고 있는 것, 여전히 묻혀 있어 빛을 보지 못한 것은 무엇인가?', '현재의 욕망, 가치와 재능들을 살려 어떻게 살아갈 수 있을까?'와 같은 질문들을 통해 반평생 가까운 자신의 삶을 평가해보고, 의미를 찾고, 다시 미래를 계획해야 한다. 그래야만 인생 전반부보다 후반부에 더 나은 삶을 살 수 있다. 그리고 이런 과정에서 몇 년간은 삶의 통제력을 잃어버린 느낌, 무기력하고 공허하다는 느낌도 가질 수 있다. 특히 요즘처럼 변화무쌍한 시대에는, 그리고 지나치게 젊음을 강조하는 시대에는 그런 심정을 더 절절하게 느낄 수도 있다.

인생 단계가 우리에게 주는 통찰

심리학자들이 제시한 인생 단계에 대한 설명이 우리에게 주는 가장 큰 통찰은 인생에는 여러 단계가 있고, 각각의 단계마다 중요한 과제가 존재하며, 그 과제를 잘 해결할 때 우리는 더 잘 살 수 있다는 것이다.

그런데 대부분의 남자들은 우리 삶에 여러 단계가 있다는 점을 잘 모르고 그런 단계가 있다는 사실을 잘 인정하려 들지도 않는다. 그러다 보니 새로운 단계에서 새로운 과제를 만나고, 새로운 과제를 해결하기 위해 새로운 적응 방식이 필요하다는 것도 잘 받아들이지 않는다. 예를 들어 중년이 되어도 남자들은 여전히 성공과 성취, 돈이나 지위 같은 청년기 삶의 규칙에 따라 살아가려 애쓰고 그런 과정에서 상처받고 좌절한다. 그러나 인생의 후반부는 자신의 재능을 활용해 타인에게 봉사하고, 그 대가로 의미와 기쁨을 느끼는 시기다. 인생에는 여러 단계가 있고, 각각의 단계마다 서로 다른 삶의 방식이 필요하다는 점을 이해하고 수용해야만 우리의 삶이 더 안정적이고 만족스러울 수 있다. 그러려면 첫째, 자신의 능력과 단점, 성공과 실패를 해부하는 자기 성찰의 시간을 가져야 한다. 이를 통해 아직 개발되지 않은 에너지의 원천을 발견하려는 노력의 과정이 필요하다.

둘째, 사람들과 친밀한 관계를 맺고 유지해야 한다. 친밀한 인간관계는 인생 전체를 통틀어 중요한 요소지만, 특히 중년 남자들에게는 더욱 중요하다. 중년기에는 그 특성상 신체적, 심리적, 사회적인 위기에 노출될 가능성이 커지는데 이런 상황일수록 남자들을 지지해줄 수 있는 관계가 더 필요해지기 때문이다. 많은 심리학자들이 나이가 들어갈수록 남자들에게는 배우자가 유일한 정서적 지지자가 될 가능성이 크다고 말한다. 그도 그럴 것이 중년 여성들은 친구, 이웃, 모임 등 오라는 데도 많고, 가야 할 곳도 많아 하루가 너무 빠르게 지나간다. 이에 비해 남자들은 나이가 들수록 점점 외톨이가 되기 쉽고 아내에게 의존할 일도 많아진다. 그래서 중년 남자들에게 배우자와의 친밀한 관계 형성은 더더욱 중요해진다.

문제는 우리나라 부부들의 결혼 만족도가 20대에 가장 높았다가 나이가 들수록 조금씩 떨어진다는 점이다. 그리고 50대 후반부터 낮은 수준을 유지한다. 외국 연구들에서는 나이가 들수록 만족도가 떨어지다가 중년기 이후부터 조금 올라가는 U자형 구조를 띄는 경우가 많은데, 우리나라는 고령층에서도 별다른 변화를 보이지 않는다. 한국의 대부분 노인 남성들은 배우자와 살갑게 상호작용하는 데 매우 서투르기 때문이다. 그래서 상대방의 마음을 제대로 이해하지 못하고 자신이 원하는 대로만 행동할 경우 갈등이 커지게 되고 결국 이혼으로 연결될 수도 있다. 이혼은 남자들의 삶을 훨씬 더 팍팍하고 힘들게 만든다. 중년 남자들에게 배우자의 존재는 두말할 필요도 없을 만큼 소중하다. 배우자와 작고 사소한 일상의 이야기를 나누면서 서로의 생각과 감정을 표현하고 공유하는 일이 필요한 이유다.

친구나 사회적 관계도 마찬가지다. 이 남자들도 한때는 사회적 관계를 굉장히 중요하게 생각했다. 억지로라도 기회를 만들어

성별 및 연령 집단별 부부 관계 만족도(1998~2010년)*

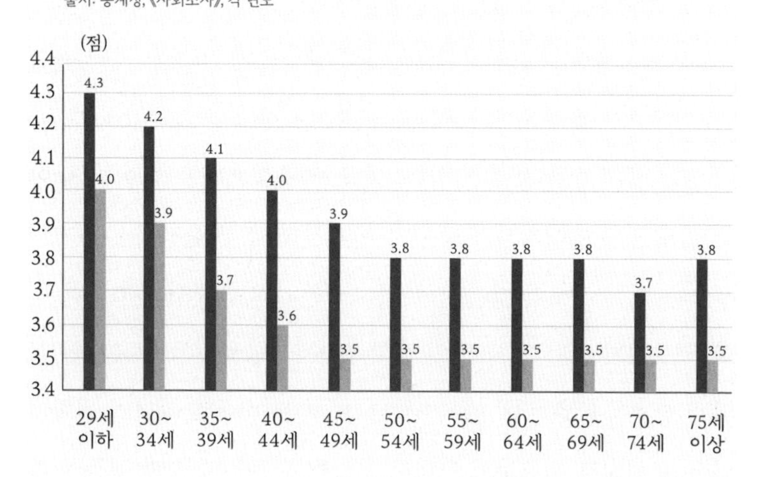

함께 밥 먹고 커피 마시고 그것도 모자라 밤늦도록 어울려 술잔도 나눴다. 그러다 어느 순간 너무 신경 써야 할 것도 많고 계속 관계가 유지될 거란 보장도 없으며 필요에 의해 만나고 챙겨야 하는 관계에 대한 피로감이 커지면서 나이듦에 따라 사회적 관계도 시들해진다.

여러 연구 결과에서도 보통 나이가 들면 친구와의 연결망이 감소하는 것으로 나타났다. 특히 남자들은 그 연결망이 크게 좁아지는데, 이는 남자들의 사회성이 줄어들었다기보다 '선택적'으로 변했기 때문이다. 중년기 이후의 사람들은 젊은 사람들에 비해 신체적·정서적으로 에너지가 부족하다. 그래서 이러한 에너지를 소수의 가까운 사람들에게 집중해서 사용한다. 그래서 청년기보다 사회적 상호작용에 참여하는 빈도가 낮지만 소규모 사람들과 더 밀접한 상호작용을 하면서 관계에 대한 만족감과 안정감을 갖는다. 그러니 나이가 들면서 내키지 않는 모임에 억지로 끌려다니거나 보고 싶지 않은 사람들과 굳이 어울리지 않아도 된다. 아주 가까운 친구들과 더 많은 시간을 보내고 더 많은 정서적 교감을 나누는 것이 훨씬 더 건강한 삶을 살아가는 데 도움이 된다.

셋째, 중년에는 혼자 놀기도 중요하다. 오히려 중년이 되면 혼자 놀기가 더 필요하다. 중년 이후의 혼자 놀기는 성찰의 기회가 된다. 오롯이 자신에 대해 생각하고 자신의 생각과 감정에 집중하고 자신에게만 에너지를 집중할 수 있다. 또 혼자 놀면 경쟁할 필요도 없다. 남들보다 잘하는지, 못하는지 비교할 필요도 없고 평가받을 일도 없다. 내 속도에 맞춰서 내 방식대로 즐기면 된다. 산에 가든, 산책을 하고 달리기를 하든, 자전거를 타든 무엇을 하더라도 누군가와 함께할 때와는 색다른 경험으로 다가온다. 혼자 떠나는 여행도 좋다. 일과 의무 그리고 지인들과의 관계에서 잠시 벗어나 낯선 곳에서 다양한 사람들의 삶을 바라보면 그 안에서 미처 내가 몰랐던 나를 발견하기도 한다. 그래서인지 최근 '맨 케이브Man Cave'가 화두가 되기도 했다. 가족들로부터 떨어져 휴식이나 취미활동을 할 수 있는 남자의 공간인 맨 케이브는 《화성에서 온 남자 금성에서 온 여자》의 저자 존 그레이John Gray가 남성에게는 자신만의 '동굴'이 필요하다고 말한 데서 유래했다. 보통 남자는 문제가 생겼을 때는, 자신만의 동굴로 들어가 다양한 고민을 통해 문제의 해결점을 찾는다고 한다. 혼자만의 시간, 스스로에게 집중할 수 있는 공간이 남자들의 중요한 힐링 포인트라는 것이다. 집밖에 모르는 남자에게도, 집 밖에서 맴도는 남자에게도 에너지를 충전할 수 있는 자신만의 시간과 공간이 필요하다.

스스로의 인생 시계를 생각해보고 지금 나는 어디쯤 와 있고, 무엇이 필요한 시간인가를 탐색해보자.

중년은 위기인가, 기회인가

중년기에 다시금 성장과 도약을 위해 결단해야 한다는 것, 그동안 외부로만 향했던 시선과 지향을 깊은 내면으로 돌려야 한다는 것, 그러한 성찰과 변화를 통해 자아는 한층 고결한 자원으로 통합되고 조화로운 인격으로 완성되어 간다.

_에릭 에릭슨, 심리학자

사람들에게 '중년'이라는 단어에서 어떤 이미지가 떠오르는지 물어보면 대부분 '지쳐 있는, 외로운, 우울한, 피곤한, 배 나온'과 같은 부정적인 단어를 거론한다. 이런 반응은 거의 모든 연령대에서 공통적으로 나타난다. 그도 그럴 것이 한국 사회의 중년 남자들은 인생의 전반부를 직장을 잡고 가정을 꾸리고 집을 사고 그러기 위해 돈을 벌며 보냈다. 또 수직적인 문화의 직장에서 인정받고 더 높은 자리를 성취하기 위해 청춘을 바쳐 달렸다. 그 과정에서 지나친 음주와 만성피로, 고용불안과 실직에 대한 스트레스를 경험했다. 또 노부모와 자녀를 동시에 부양해야 하는 과중한 책임감 때문에 심리적 위기를 경험하는 경우도 상당히 많다.

미국도 상황은 다르지 않다. 지난 수십 년 동안 대다수 미국인들에게 중년은 '쇠퇴의 이미지'였다. 시력 저하, 흰 머리, 삐걱거리는 관절, 근육이 쑤시고, 얼굴 살이 처지며, 기억이 흐릿해지는 중년의 위기가 사람들의 머릿속을 지배해왔다. 중년의 쇠퇴 이미지는 한국이나 미국이나 다르지 않은 셈이다. 중년을 위기와 불안의 시간으로 처음 묘사한 사람들은 주로 심리학자들이었다. 자크 라캉Jacques Lacan이나 융과 같은 정신분석학자들은 중년기를 젊은 시절에 꿈꾸던 인생 목표를 성취하는 데 한계가 있음을 깨닫는 시기이고, 자신이 늙어가고 있으며 결국 죽게 되리라는 것을 인식하기 시기이기 때문에 삶의 무의미함과 공허함 그리고 허무감이 찾아드는 과도기라고 했다. 대니얼 레빈슨 같은 심리학자들 역시 중년기를 사춘기와 같은 격동과 혼돈의 시기라고 이야기한 바 있다. 최근의 여러 심리학자들도 가족에 대한 과중한 책임감뿐만 아니라 직장에서 겪는 지위의 변화와 좌절로 인해 중년들이 많은 심리적 위기를 경험한다고 입을 모아 말한다.

중년을 위기로 만드는 네 가지 요소

중년이 위기의 시기라면 이들이 겪는 위기를 좀 더 구체적으로 살펴볼 필요가 있다. 중년을 위기로 묘사하는 학자들은 신체적, 경제적, 문화적, 심리적 요소까지 네 가지 요소를 위기 요인으로 꼽는다.

첫째, 중년의 시기가 되어 노안, 탈모, 체중 증가, 체력 저하, 고혈압 같은 신체적인 증상들이 나타나면 사람들은 덜컥 놀라고 스트레스를 받는다. 이런 증상들은 더 이상 자신이 젊지 않다는 신호이기 때문이다. 중년에게 '젊음의 상실'은 두려움이다. 그래서 중년들은 청년들의 낭만과 자유, 지치지 않는 체력 같은 젊음 그 자체를 부러워한다.

레빈슨은 이런 마음을 죽음에 항거하고 불멸성immortality을 소유하려는 중년의 대표적인 심리라고 표현했다. 질병이나 노화는 우리에게 죽음의 전주곡이 진행되고 있다는 사실을 의미하기 때문이다. 이 같은 두려움은 시간에 대한 관점에도 영향을 미친다. 지금까지는 태어나서 얼마나 시간이 흘렀는지를 계산했다면 이때부터는 '나에게 남은 시간이 얼마나 되는지'를 의식하게 된다.

두 번째는 경제적, 직업적 요소다. 중년 남자들에게 퇴직과 관련된 스트레스는 여러 가지 삶의 장면을 부정적으로 평가하게 만든다. 그리고 자아존중감을 떨어뜨리고 심리적 안정감을 깨뜨리며 분노나 화병 같은 부정적인 정서를 유발한다. 2015년 한국보건사회연구원과 〈문화일보〉의 조사에 따르면 50대 직장인들은 현재 직업을 갖고 있다는 사실만으로도 행복하다고 응답했다. 그만큼 중년에게 직업은 심리적 안녕감에 중요하다는 것을 의미한다.

또 직업의 문제, 직장의 문제는 곧 경제적인 문제를 불러일으킨다. 특히 중년 남자들은 인생의 그 어떤 단계보다 이 시기에 많은 경제적 부담을 느낀다. 자녀들 교육비, 생활비 부담 그리고 부모에 대한 부양책임을 지는 경우도 많다. 실제 2021년 하나은행이 서울 및 4대 광역시 40대 1,000명을 대상으로 한 조사에 따르면 이들은 가장 고민스러운 문제로 42퍼센트가 은퇴자산 마련, 그다음으로 36퍼센트가 내 집 마련과 같은 주거 안정성 확보를 꼽았으며, 3순위로 자녀 교육(16퍼센트)을 꼽았다. 지금의 중년 세대는 한국 사회에서 마지막으로 부모에 대한 부양책임을 지는 세대이자, 최초로 자녀로부터 부양을 기대할 수 없는 세대다. 그래서 샌드위치 세대라고 불리기도 한다. 한국의 중년 남자들은 젊음도 좋고 직장에서의 인정도 중요하지만 이것들 중에서 경제적인 안정감을 가장 중요한 요인이라고 생각한다.

직업은 정체성과 관련이 깊다. 심리학에서도 한 인간으로서 살아가는 정체성을 나타내는 중요한 요소로 직업을 꼽는데, 특히 남자들에게 직업은 자신의 정체성을 구성하는 출발점이다. 그도 그럴 것이 남자들이 자라면서 배운 전통적인 역할 모델은 직업을 갖고 일을 하는 것이다. 공적인 영역에서 어떤 역할을 맡고, 성취를 하고, 성공해서 힘을 얻는 것이 그들의 중요한 자아개념이었다. 현재의 중년 남자들은 삶의 다른 영역을 희생하면서까지 이것을 쟁취하고자 했다. 그런 의미에서 직업의 상실은 이러한 강력한 역할에 대한 기대를 저버리는 일이고, 힘을 상실하는 일이다. 그 결과 죄책감, 무력감 같은 부정적인 심정과 함께 정체성의 위기를 경험한다.

중년을 위기로 묘사하는 사람들이 세 번째로 꼽는 요인은 문화적인 요소, 사회라는 환경적 요소다. 젊음을 강조하고, 지나치게 젊은 사람을 중시하면서 중년들은 자신이 사회의 주류에서 소외되고 버림받았다고 느낀다. 또한 40대만 되어도 퇴출 대상이 되면서 시대에 따라 조금씩 달라지기는 하지만 '사오정'이니 '오륙도'와 같은 표현들도 공공연하게 쓰인다. 중년들에게 '젊음을 지향하는 사회'에서 늙는다는 것은 이제 내가 쓸모가 없어졌다는 뜻으로 해석된다.

요즘의 중년 남자들은 젊어 보이는 외모를 유지하기 위해 운동을 하고, 염색을 하고, 피부 관리를 한다. 멋스러운 스타일의 옷을 구입하고 성형이나 보톡스에도 상당한 관심을 갖는다. 그럼에도 심리적 불안감은 사라지지 않는다. 100세 시대에 이제 겨우 절반밖에 오지 않았는데, 내리막길이라거나 쇠퇴라는 단어로 나이듦을 의식하게 된다. 우리가 가진 나이듦에 대한 생각은 사실 사회적 상황에서 기인한 부분이 크다. 그래서 마흔 이후의 삶을 잘 살려면 의식적으로 새로운 청사진을 그려보고 이를 발전시키기 위해 노력해야 한다.

중년을 위기로 묘사할 때 사용되는 핵심적인 심리적 기제는 앞서 여러 번 언급했던 통제력 상실이다. 중년기는 대부분 사회적으로나 경제적으로 인생에서 정점이 되는 시기임에도 그런 힘과 통제력을 상실하는 고통과 함께 불확실한 미래에 대한 혼란이 공존하는 시기다. 그래서 남자들은 미래의 삶에 대해 더욱 걱정하고, 나쁜 일이 일어나는 것을 막으려 애쓰면서 더욱 보수적이 되어 간다. 또한 중년의 중요한 심리적 기제 중 하나가 '분리 상실'이다. 젊은 자신의 모습을 상실하고, 부모나 친척 그리고 친구의 질병과 죽음을 목격하며 때로는 배우자와 사랑의 상실을 경험한다. 그러면서 삶이 혼란스럽고, 허무해지고, 우울해지고, 낙담하게 된다. 이 때문에 중년 남자라면 누구나 어느 정도 심리적인 혼란이나 위기감을 경험한다.

도전과 기회를 내포한 전환기, 중년

중년기에는 삶의 다양한 장면에서 커다란 변화가 일어난다. 사람들은 그런 변화 안에서 과거와 현재를 돌아보면서 지금까지 살아온 자신의 인생에 대해 평가한다. 과거에는 중요했던 것이 지금은 덜 중요할 수도 있고, 당시에는 중요하지 않았던 것이 지금 와서는 달리 보이기도 한다. 그리고 이런 재평가를 바탕으로 새로운 삶의 구조를 모색한다. 이 모든 과정은 매우 자연스러운 현상이다. 인생 시계에서 각각의 단계에 과제가 있다고 했던 것처럼 이것이 중년기의 과제다.

중년들이 기억해야 할 점은 중년기라고 해서 결코 성장이 멈추지 않는다는 것이다. 중년 남자들은 자신들의 숨겨진 가능성을 발견해 무언가 변화를 시도할 수 있다. 다만 그 변화가 자신이 익히 알고 있는 청년기의 성장과 다를 뿐이다. 지금의 중년들이 경험한 청년기의 성장은 이미 만들어진 경로를 따르는 것, 주어진 시간표를 충실히 이행하는 것이었다. 즉, 어른들이 만들어놓은 교육 과정에 따라 학업을 마치고 직장을 잡고 한 단계 한 단계 승진을 하면서 선형적으로, 그리고 차근차근 과정을 밟아 나갔다. 청년기 성장은 이미 놓여 있는 여러 다리 중 어느 다리를 건널지, 어떤 경로를 따를지에 관한 '선택'의 문제였다.

이에 비해 중년기의 성장은 차근차근 단계를 거쳐 진행되지도 않고, 선형적으로 진행되지도 않는다. 중년들을 안내할 적절한 경로도, 역할 모델도 거의 없다. 그래서 중년기 성장은 사람에 따라 천차만별이다. 가지고 있는 삶의 경험이나 지식, 가치관 그리고 자신의 인적 자산이나 물적 자산에 따라 모두 다르다.

언제, 무엇을, 어떻게 시도할지에 대한 선택은 전적으로 자신의 몫이다. 중년기의 성장은 마치 '징검다리를 하나씩 하나씩 놓아가며 그 다리를 건너가는 것'이다. 그런 의미에서 위기이기도 하고 기회이기도 하다. 다행스러운 점은 중년들은 이미 풍부한 삶의 경험이나 지식을 가지고 있고, 여전히 유능하며 책임감이 있다는 사실이다. 그래서 지나온 삶의 발자취를 돌아보며 지금까지 자신을 지키고 성장시켜온 것이 무엇인지 발견해내는 작업이 필요하다. 중년기에 자신의 삶을 다시금 개척한 사람들 대부분은 자신의 청년기 삶 속에서 성장의 자원을 찾았다.

나이가 들어도 뇌는 계속 발달한다

심리학 연구 분야 중에 발달심리학이라는 영역이 있다. 발달심리학은 태어나서부터 영유아기, 아동기와 청소년기를 거쳐 성인에 이르기까지 마음과 행동의 발달 과정을 연구한다. 그 발달심리학에서 중요하게 다루는 개념이 '변화'와 '적응'이다. 여기서 말하는 변화는 대부분 이전보다 더 성숙하고 진보된 상태로 움직여 간다는 뜻이다. 사람들은 이런 과정을 통해 자기가 살아가는 환경에 더 어울리는 사람이 된다. 환경에 더 잘 어울린다는 얘기는 그 환경에서 더 잘 살 수 있게 된다는 의미인데, 그래서 이것을 '적응'이라고 한다.

이런 변화와 적응은 개인의 욕구와 환경의 요구에 따라 일생 동안 진행된다. 당연히 중년기에도 중요한 변화와 적응이 일어나는데, 그중 사람들이 가장 많이 오해하는 영역이 나이가 들면 두

뇌가 제 역할을 못한다는 것이다.

“요즘은 가끔 차를 어디에 주차했는지 생각이 안 날 때가 있어요. 며칠 전에 분명히 거기다 세워둔 거 같은데 가보면 없는 거죠.”

“그거 말이야, 그거… 그거 있잖아…. 어떤 단어나 이름이 머릿속에는 떠오르는데 혀끝에만 맴돌아 괴로울 때도 있어요.”

중년이라면 누구나 쉽게 까먹고 자주 깜빡거리는 경험을 한다. 그럴 때면 ‘나이 먹어서 머리도 나빠지는구나’ 싶다. 그러나 지능이나 지성은 늙어서도 그다지 나빠지지 않는다. 인지기능은 평생 증가와 쇠퇴가 복잡한 패턴으로 나타난다. 청년기와 어떤 기능은 유사하고, 어떤 기능은 떨어지며, 어떤 기능은 상대적으로 더 좋아지는 등 다채롭게 변화한다.

예를 들어 절차기억이나 작업기억이라 불리는 인지 능력에 대한 테스트 결과를 보면 스무 살 무렵에 절정을 이룬 이후 꾸준히 하락한다. 절차기억은 운동, 기술, 악기 연주처럼 몸으로 익혀 기억하는 것을 말하고, 작업기억은 경험한 것을 수 초 동안만 머릿속에 받아들이고 저장하며 인출하는 정신 기능을 말한다. 이 두 가지는 사람의 기억 중에서 몇 초에서 몇 분 안에 소멸하는 단기

기억에 속한다. 외웠던 영어단어가 며칠만 지나면 기억이 나지 않는 이유는 그 정보가 단기기억에만 머물렀다 사라지기 때문이다. 그러나 이런 테스트는 주로 생각의 '속도'에 초점이 맞추어져 있다. 즉, 빨리 상황을 인식하고 지체 없이 결정을 내리는 능력, 빠듯하게 주어진 시간 안에 어떤 일을 처리하는 능력을 테스트하는데, 젊은 사람들은 빨리 생각하고 빨리 답을 도출해내는 반면 중년들은 이런 것을 어려워한다. 뇌가 그렇게 변했기 때문이다.

이렇게 인지기능의 일부가 쇠퇴하는 것으로 보이지만, 중년은 그것들을 보완하는 자원과 경험을 가지고 있다. 예를 들어, 고차원의 기능을 사용하여 떨어진 반응속도를 보완한다. 구술 능력, 공간인식 능력, 계산 능력, 추론 능력 등은 중년기에 최고 수준을 보인다. 그리고 이런 능력은 60대가 되어서도 별로 나빠지지 않는다. 이런 인지기능의 특징은 주로 실용적 측면과 관련되는데, 경험을 통해 습득한 암묵적 지식 같은 것이다.

즉, 중년들은 단순기억보다는 상황을 분석하고, 아는 것을 적용하며, 과정과 결과에 대해 평가하고, 그 결과를 활용해서 새로운 대안을 찾아내는 일을 더 잘한다. 실제 중년의 엔지니어들을 대상으로 한 연구에서 중년들은 새로운 정보를 취사선택하여 문제점을 단순화하고 혼란을 피하는 능력이 더 뛰어난 것으로 나타났다. 중년들은 '기억'보다는 '관점'을 사용하여 복잡한 문제를 효과적으로 해결했다. 중년의 인지 능력을 다룬 이런 연구들은 이들이 다른 누구보다도 '잘 생각하는' 경우가 많고, 따라서 가족, 직장 및 사회에서 지적 기여를 하는 데 충분한 능력을 가지고 있음을 보여준다.

인지 능력의 이런 변화는 심리학뿐만 아니라 뇌신경과학 연구에서도 확인되고 있다. MRI 장치를 통해 인간 두뇌의 구조와 활동을 살펴봤더니 나이를 먹음에 따라 우리가 사용하는 뇌의 영역이 변하더란다. 예를 들어 전전두엽의 활동은 젊은이들보다 중년들에게서 더 활발히 일어나는데 이 영역은 계획하고, 의사결정하고, 사회적 행동을 조율해서 여러 가지 생각 중에 행동으로 옮겼을 때 가장 득이 되는 생각과 해가 되는 생각을 골라내는 기능을 담당한다. 즉, 중년의 뇌는 젊은이의 뇌와 근본적으로 다른 방식으로 일을 처리하고, 그 결과가 더 좋을 때가 많다는 점을 확인시켜준 셈이다.

그러니 머리가 나빠졌다고, 기억력이 쇠퇴했다고 걱정하지 마시라. 중년들은 정보를 전체적인 맥락에서 살필 수 있고 그래서 나무가 아니라 숲을 보는 일을 더 잘할 수 있다. 이런 걸 소위 '통찰력'이라 부른다. 통찰력은 지식을 바탕으로 한 근거와 상대적 사고를 사용해서 복잡한 상황을 이해하는 상위 수준의 인지 능력이다. 이런 통찰력은 몇 가지 기초지식을 빨리, 많이 외운다고 생겨나지 않는다. 대부분의 통찰력은 기존의 지식, 정보, 경험을 새롭게 조합해서 발견하는 것이다.

컬럼비아 경영대학원 교수인 윌리엄 더건William Duggan은 섬광 같은 통찰력은 과거의 지식과 경험에서 나온 조각처럼 흩어진 정보들이 '번쩍'하는 통찰 과정을 통해 재결합할 때 생겨난다고 말했다. 피카소도, 빌 게이츠도 그리고 하워드 슐츠도 모두 그런 과정을 통해 새로운 아이디어를 창조했다. 즉, 통찰의 가장 기본적인 재료는 '우리의 머리와 몸에 저장된 경험과 지식의 양과 질'인 것이다. 그런 내공을 기반으로 찰나의 통찰이 만들어지는 것이지 초보자의 통찰은 어불성설이다. 아마도 우리 선조들은 이것을 '지혜'라고 부르지 않았을까? 중년 남자들의 경쟁력은 바로 이 지점에 있다.

마음과 행동을 잘 다스릴 줄 아는 나이

여러 가지 심리적 위기를 경험할 수밖에 없는 시기이기는 하지만, 중년은 이전보다 자신의 정서도 좀 더 잘 조절하고 다스릴 수 있다. 직장뿐만 아니라 가족이나 친구처럼 삶의 여러 관계에 대해서도 이전보다 균형을 잘 잡고 지혜롭게 대처할 수 있다. 예전에 누리던 권위를 조금 포기하고 나와 다른 사람을 이해하고 수용하는 마음의 폭이 넓어질 수도 있다. 이전 같았으면 자신이나 타인을 향해 비난과 질책을 했겠지만 이제는 "실수도 하면서 사는 거지 뭐", "괜찮아, 그럴 수도 있지"라고 하면서 넘어갈 수 있는 것이다. 그래서 더 좋은 남편, 더 좋은 아버지, 더 좋은 동료가 될 수 있다.

심리학자들은 중년기가 되면 나이가 듦에 따라 삶의 가치나 성격 특성에서 변화가 생긴다고 말한다. 그리고 가장 공통된 변화는 나이가 들수록 다른 사람에 대한 이해와 인내심이 많아지고, 현재의 삶에 만족하면서 많은 부분을 받아들일 수 있는 것이라고 한다. 그래서 중년기에는 이전과 달리 개인적인 변화, 관계에서의 변화를 수용하고 긍정적인 시각으로 자신과 주변을 돌아볼 수 있게 된다고 한다.

물론 이런 변화가 저절로 이루어지지는 않는다. 먼저 자기 자신에 대한 이해와 수용을 할 수 있어야 하고, 그런 이해와 수용이 일어날 수 있는 시간의 견딤과 기다림의 공백이 필요하다. 또한 자신의 말과 행동이 다른 사람에게 어떻게 영향을 미치는지, 어떻게 해석될 수 있는지 끊임없이 질문하고 성찰해야 한다.

《중년 수업》의 저자 가와기타 요시노리는 '늙는다는 것'과 '나이가 드는 것'은 전혀 다른 문제라고 이야기한다. 늙는다는 것은 말 그대로 생물학적인 노화가 찾아온다는 뜻이고, 나이가 든다는 것은 젊은이들에게는 없는 여러 가지가 생겨난다는 뜻이란다. 그러면서 사람은 단순히 나이를 먹어서 늙는 게 아니라 마음이 젊음과 호기심을 잃어버렸을 때 늙고 쇠약해진다고 강조했다. 맞는 말이다. 이제 겨우 50대에 접어들었으면서 '이 나이에 무슨…', '직장생활 얼마나 남았다고…'와 같은 마음으로는 남은 인생을 흥미롭게 살기 어렵다. 새로운 경험과 배움에 대한 호기심, 새로운 시도에 대한 개방성을 가진 사람들은 60대가 되어도 여전히 젊고 활기찬 모습 그대로일 것이다.

물론 어떤 시도를 하든 초기에는 혼란을 겪을 수밖에 없다. 특히 요즘처럼 변화무쌍한 시대에는 삶의 통제력을 잃어버릴 것 같아 두렵기도 하다. 그리고 대부분의 중년들에게 미래는 아무리 치밀하게 계획해도 계획대로 되지 않는 경우가 더 많다. 우리의 젊은 시절이 그랬듯이 말이다. 그래서 많은 중년 남자들이 이러한 불확실성과 두려움, 혼란 등을 피하기 위해 과거의 방식을 고집하고 현재의 삶에 안주하고 싶어 한다. 현재의 편안함이나 확실성에 기대고 싶은 것이다.

그러나 현재를 유지해서는 중년이라는 강을, 중년이라는 전환점을 건널 수 없다. 세상에서 가장 성실한 게 시간이다. 가만히 있어도 시간은 흐르고, 시간이 흐르면 모든 것이 변한다. 변화에 직면한 사람들은 그 시기가 힘들 수밖에 없지만 그렇기에 더더욱 자신에 대한 이해가 필요하다. 상황이 혼란스러울수록 분명한 중심축이 필요한데 그 중심축은 자기 자신이 될 수밖에 없기 때문이다. 중심을 굳건히 하고 싶다면 스스로에게 물어야 한다. 진정 자신이 어떤 사람인지, 어떤 사람으로 살고 싶은지 말이다. 중년은 스스로에게 그 질문을 하고 스스로 그 답을 찾아야 하는 시기이다.

중년 남자의 책임감과 사회적 완벽주의

남자들은 힘과 권력을 가진 완벽한 이상형의 남자와 자신을 비교한다. 스스로 이 기준에 미치지 못한다고 생각하는 순간, 수치심과 패배감을 느낀다.

_마틴 시거, 심리학자

세상에서 자살하는 사람은 남자가 많을까, 아니면 여자가 많을까? 여기 명확한 통계치가 있다. 지구상의 모든 나라에서 남자가 여자보다 더 많이 자살한다. 우리나라도 예외가 아니다. 보건복지부에서 발간한 〈2021 자살예방백서〉에 따르면 2019년 우리나라의 자살자 수는 1만 3,799명으로 이 중 남자가 70.5퍼센트, 여자가 29.5퍼센트를 차지했다. 10만 명당 비율로 보면 남자(38.0명)가 여자(15.8명)보다 2.4배 높다.

너무 높은 기준을 세우는 남자들

언뜻 생각하기에는 감정적인 충동 때문에 여자가 자살하는 경우도 적지 않을 것 같은데 왜 이렇게 데이터상으로 큰 차이가 나는 것일까? 남자라는 사실과 자살에는 어떤 관계가 있을까? 흔히 사람들은 자살의 원인으로 우울증을 먼저 떠올린다. 그러나 자살을 연구하는 영국의 오코너 연구소O'Connor's Suicidal Behaviour Research Lab에 따르면 우울증을 앓는 사람들 중 실제로 자살을 선택하는

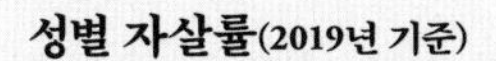

성별 자살률(2019년 기준)

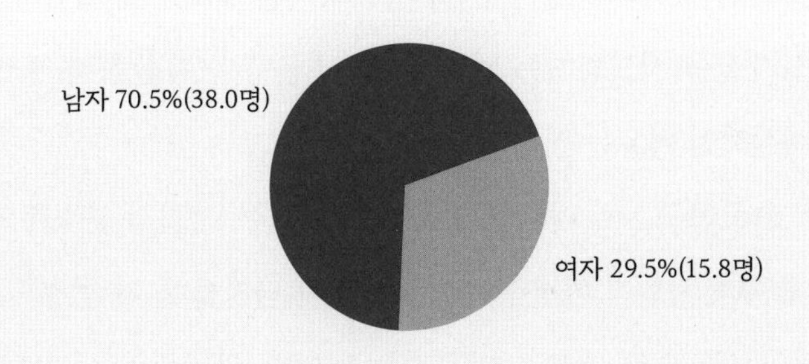

단위: 인구 10만 명당 명
출처: 통계청, 2019년 사망원인통계

성별, 연령별 자살률(2019년 기준)

단위: 인구 10만 명당 명(%증감률)
출처: 통계청, 2018~2019년 사망원인통계

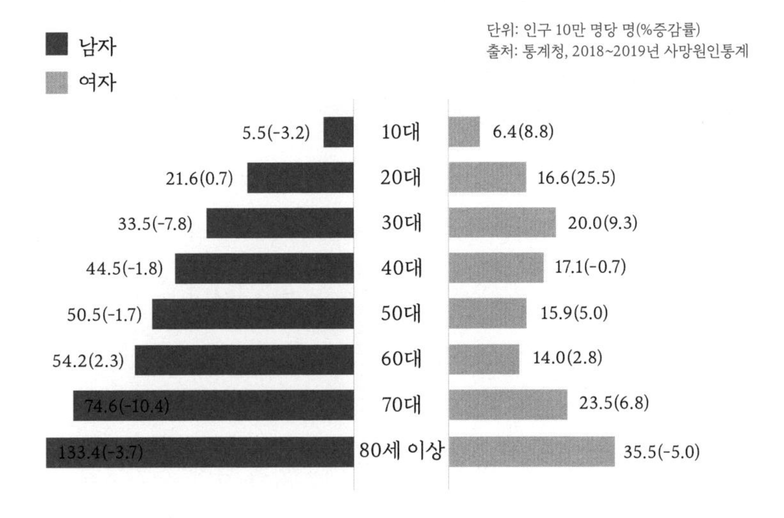

비율은 채 5퍼센트도 되지 않는다고 한다. 물론 우울증의 많은 증상들이 건강한 사람에 비해 자살을 더 많이 생각하게 하고, 좀 더 쉽게 자살을 시도하게 할 수는 있다. 그렇지만 우울증에 걸렸다고 모두가 자살을 시도하지는 않는다. 즉, 우울증이 자살을 하게 만드는 핵심적인 이유는 아니라는 얘기다.

오코너 연구소에 따르면 자살의 원인에는 '사회적 완벽주의'가 존재한다. 사회적 완벽주의라는 신념이 남자들을 자살이라는 극단적인 선택으로 내모는 이유라는 것이다. 완벽주의는 완벽하거나 완벽해 보이려고 하는 태도다. 토론토 요크대학교의 심리학자인 고든 플렛Gordon Flett 교수는 이렇게 말했다

"완벽주의자는 완벽하지 못한 모습을 감추려 하거나 완벽해 보이는 이미지를 만들려고 하는 사람이다. 그리고 자신이나 다른 사람에게 지나치게 높은 기준을 적용한다. 그래서 감정적 측면, 신체적 측면 그리고 인간관계적 측면에서 문제를 일으키고 심지어 자살까지 시도할 수 있다."

결국 사회적 완벽주의자는 스스로 설정한 높은 기준 그리고 다른 사람이 가지고 있으리라 생각하는 높은 기대 수준에 맞춰 완벽한 자신의 모습을 보여주려 하며, 그런 기대를 충족시키지 못했을 때 실망하고 좌절하게 된다.

심리학자들에 따르면 미국 사회 대부분의 남자들은 성공, 즉

돈과 권력, 사회적 지위에 대해 지나치게 높은 기대를 가지고 있다고 한다. 그리고 기대를 충족시키지 못하면 실패했다고 여기며, 그 실패를 오직 자신의 탓으로 돌린다고 한다. 문제는 사회가 변화하면서 남자들에게 더 완벽한 모습을 기대하고 있다는 점이다. 이들은 이제 직장에서뿐 아니라 남편이나 아버지로서도 더 많은 역할을 해야 한다. 그리고 그럴수록 남자들은 자신의 인생이 실패했다고 생각할 가능성이 더 높아진다.

비슷한 심리적 기제가 우리나라 50대 남자들의 자살률에도 중요하게 영향을 미친다. 한국의 50대 남자들은 유교 문화권의 가부장적 특징의 영향으로 가장으로서 가족을 돌봐야 한다는 무거운 책임감을 배우며 성장했다. "가족의 미래를 책임져야 하기 때문에 죽이 되든, 밥이 되든 내가 알아서 해결해야 한다고 생각했지요."라고 말하는 사람들이 상당히 많다. 이런 책임감이 이들의 삶을 무겁게 짓누른다. 그리고 이런 이유로 직장 내 경쟁에서 뒤처질 수 있다는 불안감, 조기퇴직의 불안감은 50대 남자들 스스로를 실패한 가장으로 여기게 만든다. 한 조기퇴직자는 "가족은 보호해야 할 대상인 거죠. 그런데 내가 잘못되니까 가족을 난파선에 태운 것 같더라고요."라고도 말했다. "자신의 가족을 책임질 수 없는 남자는 어떤 면에서 더 이상 남자가 아니게 된다." 미국의 유명한 심리학자인 로이 바우마이스터Roy Baumeister의 말이다.

체면 때문에 남부끄러운 남자들

한국 특유의 체면 문화도 50대 남자들을 괴롭힌다. 체면은 '남을 대하기에 떳떳한 도리나 얼굴'을 의미하는데, 떳떳하기 위해서는 도덕성은 물론이고 능력 또한 갖추어야 한다. 그리고 이것을 갖추지 못하면 부끄러움을 느낀다. 중앙대학교 심리학과에 재직했던 최상진 교수는 이런 부끄러움을 '자괴성 부끄러움'과 '창피성 부끄러움'으로 나누어 설명했는데, 자괴성 부끄러움은 스스로 생각했을 때 자신의 행동이 떳떳하지 못하다고 생각했을 때 느끼는 감정이다.

이때 부끄러움이나 떳떳함을 결정하는 기준은 자신이 설정해 놓은 인간으로서의 도리와 도덕성, 즉 양심이다. 도덕적으로 자신이 '좋은 사람인가 나쁜 사람인가', '염치가 있는 사람인가 없는 사람인가'에 대한 판단은 전적으로 자신에게 달렸다는 얘기다. 그래서 매스컴에서 우리가 목격하는 양심 없고 염치없는 정치인, 경제인, 연예인들이 정말로 부끄러움을 느끼는지는 알 수 없는 일이다. 그 부끄러움의 기준은 사람에 따라 전부 다르기 때문이다. 어찌 됐든 수준이나 기준은 다르지만 자신의 양심대로 행동하면 떳떳한 행동이다. 반면 양심에 반하는 행동을 하면 부끄러움이 생기고 양심의 가책을 느끼며 자기반성을 하게 된다. 그래서 자괴성 부끄러움을 '도덕성 부끄러움'이라 부르기도 한다.

반면 '창피성 부끄러움'은 남을 통해서 느끼는 부끄러움이다. 즉, 상대방의 반응을 통해서 자신의 행동이 떳떳하지 못하거나 도리에 어긋났다고 느끼는 창피함이다. 그래서 '창피당했다', '남부끄럽다'고 표현한다. 사실 우리는 인격의 성숙보다도 자신에 대한 세속적인 평가를 더 중요하게 생각한다. 그래서인지 일상에서 체면이라는 말이 사용되는 상황을 보면 도덕적 기준보다는 능력이나 신분, 지위가 부끄러움의 기준이 되는 경우가 더 흔하다. 높은 지위를 가지지 못하거나 좋은 직장에 다니지 못하면 친구 만나기가 창피하고 그래서 동창회 같은 모임에 나가기가 꺼려진다. 직장에서 퇴출당하거나, 경제적으로 어려움을 겪는 경우에도 남부끄러움을 느끼는 경우가 많다.

이처럼 일상에서 느끼는 남부끄러움의 원인은 능력과 관계된 것이 많다. 이렇게 능력 때문에 느끼는 부끄러움의 심리적 기제는 자기 자신이 '유능하지 못한 사람', '별 볼 일 없는 사람'이라는 열등의식이다. 그래서 창피성 부끄러움의 다른 표현은 '능력 부끄러움'이다. 자괴성 부끄러움과 달리 창피성 부끄러움은 자신의 행동이 다른 사람에게 드러나기 때문에 더욱 부끄럽게 느낀다. 그리고 자신의 이미지가 손상되고 다른 사람에게 무시나 비난을 받을 수도 있기 때문에 부끄러움의 강도가 더 세다.

남자들은 직장의 중심에서 밀려나거나 명예퇴직처럼 원치 않은 퇴직을 하게 되는 상황을 자신의 무능함을 드러내는 일로 받아들인다. 그래서 남 보기에 창피하고 부끄러워 점점 위축된다. 물론 여자들도 직장을 잃었을 때 고통스러워한다. 하지만 여성들은 남자들보다 훨씬 씩씩하고 현명하게 잘 대처하는 경우가 많다. 반면 남자들은 직장을 잃었을 때 마치 세상을 다 잃은 것처럼 좌절한다.

안타깝게도 남자들은 자신의 실패에 대해, 그리고 자신의 감정적 어려움에 대해 이야기하는 것을 상당히 어려워한다. "아직도 퇴직한지 모르고 있는 사람도 많아요. 모임 같은 곳에도 나가지 않았고, 사람들에게 알리지도 못하겠더라고요." 이런 이유로 남자들의 좌절감은 여자들과는 다른 양상으로 나타난다. 그들은 혼자 술을 마시거나 사람들을 피해 숨는 등 자신의 감정을 억눌러 덮는 경우가 많다. 이렇게 숨겨진 좌절감은 남자를 위험한 상태로 만들고, 바로 이것이 50대 남자의 자살률을 높이는 요인 중 하나가 된다.

남자들에게 필요한 새로운 삶의 태도

살면서 최소한 어느 수준까지는 성공해야 하고, 최소한 어느 정도는 가져야 한다는 생각이, 또 인생은 어떠해야 한다는 빡빡한 기준을 세우는 모든 시도가 남자들이 지닌 사회적 완벽주의 탓일지도 모르겠다. 좋은 집, 좋은 차, 좋은 학교, 높은 지위 그리고 넉넉한 돈처럼 모든 조건이 갖추어져서 나와 가족들의 삶이 완벽해 보여야 한다는 기대가 우리의 마음을 더 피폐하게 만들 수 있다. 그러므로 의식적으로 자신이 사회적 완벽주의를 가지고 있지는 않은지 점검해봐야 한다. 이러한 삶의 태도로는 50대 이후의 삶을 행복하게 살 수 없기 때문이다.

또 체면과 부끄러움에 대한 자신의 기준도 점검해봐야 한다. 남들에게 그럴듯하게 보이는 것, 능력 부끄러움을 당하지 않는 것도 당연히 중요하지만 오직 그 기준만 가지고 살 수는 없는 법이다. 또한 적절한 정서 표현이나 심정 표현도 중요하다. 자립이라고 하면 온전히 혼자서 무언가를 해내는 것이라고 생각하기 쉽지만 자립의 진정한 뜻은 그게 아니다. 자립이란 내가 스스로 할 수 있는 일은 스스로 해결하지만 만약 자신의 힘으로 해결할 수 없을 때는 다른 사람에게 도움을 요청해 해결해 나간다는 뜻이다. 자신이 아무 요청도 하지 않으면 다른 사람의 도움을 받을 수 없다. 다른 사람에게 도움을 받고자 한다면 도움이 필요하다고 이야기해야 한다. "그걸 꼭 말로 해야 아나요?"라고 반문할지 모르겠다. 그러나 '이야기해도 모르는' 경우가 훨씬 더 많다. 인간은 자기중심적이라 내 배가 부르면 다른 사람이 배고프다는 사실을 잘 상상하지 못한다. 그렇기에 우리는 다른 사람이 나의 마음을 미리 알아주고 배려해주기를 기대해서는 안 된다. 아무 말도 하지 않는 한 자신의 생각은 타인에게 전해질 수 없다. 그러니 내 마음을 남에게 제대로 표현하는 연습을 꼭 해야 한다. 특히나 이런 것들에 익숙하지 않은 50대 남자들이라면 더더욱 그렇다.

그들이 지금의 위치까지 올 수 있었던 이유

혼자서 성공하는 사람은 없다. 그들의 성공은 특정한 장소와 환경의 산물이다.

_말콤 글래드웰

지금까지 내가 이뤄온 성취는 오로지 나의 실력 덕분이었을까? 이 질문에 온전히 '그렇다'라고 말하는 사람은 많지 않을 것이다. 아무리 실력이 있어도 운運 때를 만나지 못하면 좋은 기회를 잡지 못하는 것이 우리네 인생이다. 그렇다면 우리가 이룬 성공 가운데 오롯이 자신의 힘으로 이룬 것은 얼마만큼이고, 남의 힘이나 상황 덕분에 이룬 성공은 어느 정도일까? 반대로 자신이 겪은 실패나 좌절에서 자기 탓은 어느 정도이고 남 탓이나 상황 탓은 얼마나 될까?

살면서 우리는 부모나 친구, 선배처럼 많은 사람들에게 영향을 받는다. 또 사회적 상황이나 시대적 영향도 받을 수밖에 없다. 이것들이 우리의 성공에 어느 정도 영향을 미쳤는지는 알 수 없다. 아마 어떤 통계기법이나 수학공식을 사용하더라도 그것을 낱낱이 쪼개고 나누어 분석할 수는 없을 것이다.

그럼에도 불구하고, 이 질문은 매우 중요한 의미를 지닌다. 내가 성공했으면 그 이유를 알아야 성공을 복제할 수 있고, 실패했다면 그 원인을 알아야 실패를 반복하지 않을 수 있기 때문이다. 또 우리의 삶에, 특히 성공이나 실패에 운이 작동하고 있음을 인정하는 것은 성공 앞에서 우리를 겸손하게 만들고 실패 앞에서 위로를 얻게 해준다.

성공에는 행운이 얼마나 작용할까?

코넬대학교의 경제학자 로버트 프랭크Robert Frank 교수는 불확실성과 변동성이 극심한 시대에는 우연한 사건들이 사람들의 삶에 훨씬 더 크게 영향을 끼칠 수밖에 없으며, 그만큼 성공에는 상당한 행운이 뒤따라야 한다고 말한다. 그런데 사람들은 생각보다 이런 '행운'의 영향을 인정하려 들지 않는다. 자신의 성공에 대한 자부심이 클수록, 또 사회적으로 큰 성공을 거둔 사람일수록 더 그렇다. 이들은 자신의 실패는 운이 나빴다고 말하는 반면, 성공에 있어서는 자신의 노력을 과대평가한다.

많은 현자들이 인생의 궤적은 크게 세 가지 요인에 의해서 결정된다고 말했다. 첫째는 유전, 둘째는 성장 환경 그리고 마지막이 시대적 상황이다. 즉, 성공은 유전과 성장 환경 그리고 시대적 상황이 버무려진 결과다. 이 중 자신의 노력만으로 결정할 수 있는 게 있을까?

자신이 남들보다 머리가 좀 더 좋다면, 자신의 외모가 남들보다 꽤 괜찮다면, 자신이 특정 영역에서 남들보다 더 나은 재능을 가지고 있다면 그건 행운을 타고난 셈이다. 이미 경쟁에서 앞서 나갈 수 있는 상당한 자원을 가진 것과 같기 때문이다.

이런 자원 중에 대표적인 것이 바로 성격이다. 심리학자들은 성격이야말로 유전과 성장 환경의 영향을 크게 받는 대표적 요인이라고 말한다. 여러 연구에 따르면 성격의 50퍼센트는 유전적 요소에 의해 결정된다. 예를 들어 성격 전문가들이 가장 많이 사용하는 '성격 5대 특성' 검사에서 성실성 점수가 높으면 흔히 말하는 성공 가능성도 높다. 성실성 점수가 높은 사람은 자기관리도 잘하고 건강관리도 잘한다. 성취 욕구도 크며 목표지향적이고 책임감도 있다. 결과적으로 성과도 좋고 좋은 평가를 받으며 연봉도 높을 확률이 크다. 그래서 성실성 점수는 삶의 질을 예측하는 중요한 척도가 된다.

또 다른 대표적인 성격 특성인 외향성과 내향성의 정도 차이는 학업 성취에도 영향을 미친다. 일반적으로 내향적인 사람이 학교 성적이 더 좋은데, 가장 큰 원인은 학습 환경 때문이다. 외향적인 사람은 자극적이고 즐거운 환경에서 학습 효과가 좋다. 그런데 학교는 보통 그런 환경과는 거리가 멀기에 외향성과 내향성이 성적에 영향을 주게 되는 것이다.

회복탄력성은 실패나 부정적인 상황을 극복하고 원래의 안정된 심리적 상태를 되찾을 수 있는 능력을 말한다. 그래서 성격적으로 높은 회복탄력성을 가진 사람은 가장 힘들고 어려운 시기에도 그것을 극복하고 다시 일어설 수 있다는 믿음이 있다. 따라서 변동이 심한 상황에도 도전할 수 있고 그 결과 성공의 행운을 경험할 확률이 높다. 결국 성공에는 노력만큼이나 성격도 중요하다는 의미다.

또 아이를 위해 아낌없이 사랑을 주고, 최고의 과외 선생님을 붙여주고, 진학을 위해 온갖 스펙을 쌓을 수 있도록 지원해줄 수 있는 부모에게서 태어났다면 출생부터 이미 커다란 행운이 시작된 셈이다. 실제 2020년 서울대학교 입학생 중 가구 소득 상위 10퍼센트인 학생의 비율이 62.9퍼센트에 달했다. 부모의 경제력에 따라 아이의 학습 기회가 달라지고, 거주 지역의 학습 환경과 사교육 인프라에 의해 아이의 학업 성취도가 영향을 받는 것이다. 영국에서 1970년생 아동들을 추적 조사한 자료에서도 타고난 인지 능력과 상관없이 120개월 무렵에는 좋은 환경을 가진 아이는 높은 지능 쪽으로, 나쁜 환경을 가진 아이는 나쁜 지능 쪽으로 수렴해갔다고 나타났다.

우리가 전혀 통제할 수 없는 시대적 상황도 우리의 성공에 엄청난 영향을 미친다. 내가 만약 한국이 아니라 다른 나라에서 태어났다면, 내가 만약 100년 전 한국에서 태어났다면, 지금과는 전혀 다른 삶을 살았을 것이다. 역사적 사실들은 이런 가정을 증명해준다. 20세기 초 뉴욕의 로스쿨 졸업생 중 유대인들은 일류 로펌에 취업하지 못했다. 당시 일류 로펌은 대개 부유한 개신교인들을 채용했기 때문이다. 취업이 어려웠던 유대인 로스쿨 졸업생들은 어쩔 수 없이 스스로 로펌을 설립했는데, 시장에서 살아남기 위해서는 대형 로펌에서는 거들떠보지도 않던 적대적 인수합병 소송을 전문적으로 취급할 수밖에 없었다. 그런데 산업 환경이 급변하면서 1970~80년대 적대적 인수합병 수요가 폭발적으로 증가했고, 이들 유대인 변호사들은 전문성과 경험을 기반으로 엄청난 성공을 거뒀다.

우리나라도 크게 다르지 않다. 20여 년 전 벤처 기업의 성공 신화는 IMF 구제금융을 벗어나기 위한 시대적 상황과 정부의 정책적 지원이 없었다면 나타나기 어려웠을 것이다. 또 ICT 산업, 게임 산업, 모바일 비즈니스는 한국이라는 좁은 땅덩어리와 인프라가 뒷받침되지 않았다면 현재의 성공은 기대하기 어려웠을 것이다. 시대 상황과 사회적 맥락의 뒷받침이 있었기 때문에 개인의 노력이 결실을 맺고 성공할 수 있었다고 해도 과언이 아니다. 그래서 행동경제학의 창시자인 대니얼 카너먼Daniel Kahneman은 성공을 이렇게 정의했다. "보통의 성공은 재능과 운의 결합이다. 그리고 대단한 성공은 약간 더 많은 재능과 약간 더 많은 운의 결합이다."

성공은 정말 노력과 재능의 결과일까?

그러나 많은 사람들이 자신은 열심히 노력했기 때문에 성공했다고 우긴다. 그런 이유는 노력-성공 가설이 그럴듯해 보이기 때문이다. 치열한 노력과 삶의 방식이 만든 성공신화! 얼마나 폼나고 멋있어 보이는가. 물론 그들의 치열한 삶은 당연히 인정받고 존중받아야 한다. 그들의 성취와 성공에 대한 자부심에도 박수를 보내야 한다. 그들의 성공 스토리 또한 우리 삶에 주는 시사점이 크다.

그러나 그들의 성공 스토리 이면에는 우리가 간과하기 쉬운, 인간의 마음이 작동하는 방식이 숨어 있다. 심리학에 '사후 확신 편향'이라는 용어가 있다. 어떤 사건이 발생했을 때, 실제로는 예측할 수 없는 것이었는데도 충분히 예측 가능했다고 생각하는 경향을 가리키는 말이다. 예를 들어 국가대표 축구경기처럼 많은 사람들의 관심을 끄는 경기가 끝나고 나면, 마치 그런 결과가 나올 것을 이전부터 정확하게 알고 있었다는 듯한 분석이 여기저기서 나온다.

'내가 그럴 줄 알았어', '그것 봐, 내가 뭐라 그랬어'. 우리가 결과를 알고 나서 흔히 하는 말이다. 이 말인즉슨 '나는 이전부터 결과가 그렇게 될 줄 알고 있었다'는 건데, 그렇게 정확하게 결과를 예측할 수 있었다면 스포츠토토를 해야지, 왜 경기가 다 끝나고 나서 유튜브에서 자신의 선견지명을 자랑할까?

인생도 마찬가지다. 어떤 결말을 알고 나면 그 결말에 대한 이유를 지어내기 쉽다. 그래서 나의 성공에 대해 이야기할 때 사후 확신 편향이 강력하게 나타난다. 성공한 사람들의 자서전에 어김없이 등장하는 성공신화가 대표적인 사례다. 그들은 현재의 성공이 자신의 치열한 노력과 혜안만으로 성취된 듯이 말한다. 그리고 자신은 현재 모습을 이루기 위해 일생을 치열하게 살아왔고, 현재의 성공이 그때 꿈꾸던 모습이라고 이야기한다.

그런데 과연 그럴까? 예외도 있겠지만 대부분 사실이 아닐 것이다. 그들 자신도 지금의 결과가 있기까지는 전혀 예상하지 못했던 우여곡절이 있었다. 그 우여곡절을 지나, 돌고 돌아서 지금의 모습이 만들어진 것이다. 시간이 지나고 돌아보니 인생이 선형적으로 흘러온 듯한, 처음부터 지금의 모습을 꿈꾸며 시작한 듯한 설명이 가능한 것이지, 현재의 성공을 당시에도 예측하고 있었다는 건 전형적인 사후 확신 편향이다.

"조그맣게 회사를 시작할 당시에는 지금처럼 큰 회사로 성장할 거라고는 생각하지 못했다."고 말하던 자수성가한 어느 금융회사 회장님의 이야기가 생각난다. 우리는 자신이 편향된 시각으로 세상을 본다는 사실조차 모른 채, 편향된 시각으로 자신의 인생을 회상할 가능성이 크다. 그래서 더 겸손한 성찰이 필요하다.

또 다른 심리 현상도 있다. 사람들은 모두 실제보다 스스로를 훨씬 더 낫다고 생각한다. 이런 현상을 '워비곤 호수 효과Lake Wobegon Effect'라고 한다. 워비곤 호수는 개리슨 케일러Garrison Keillor라는 미국의 작가가 만든 가상의 마을이다. 이 가상의 마을에는 완벽에 가까운 사람들만 모여 사는데, 이들은 모두 평균 이상으로 똑똑하고, 잘생기고, 예쁘고, 키도 크다고 한다. 모두가 평균 이상인 마을은 현실 세계에서는 존재할 수 없다. 이런 논리적 모순을 풍자한 데서 시작한 워비곤 호수 이야기는 코넬대학교 심리학과 교수인 토머스 길로비치Thomas Gilovich를 통해 '워비곤 호수 효과'라는 이름으로 불리게 된다.

심리학자들의 연구 결과를 살펴보면 기업의 매니저들 중 90퍼센트는 자신들의 성과를 '평균 이상'이라고 평가한다. 또 자기 잘못으로 사고를 낸 경험이 있는 운전자들 중 80퍼센트는 자신의 운전 실력이 평균 이상이라고 생각한다. 이처럼 대부분의 사람들은 자신의 노력과 실력을 과대평가하는 경향이 있다.

여기에 더해 사람들은 부정적인 사건을 더 잘 기억한다. 그래서 내가 들었던 칭찬보다 비난을 더 오래도록 기억한다. 또 즐겁고 좋은 기억보다 힘들고 어려웠던 사건을 더 잘 기억하는 편이다. 그래서 성공이라는 결과를 얻는 과정에서 도움이 되었던 일보다 방해가 되었던 일을 더 크게 인식한다. 바로 그것이 성공에 있어서 행운의 역할을 과소평가하게 만드는 이유다.

마지막으로 사람들은 자기중심적이고 이중적이다. 잘 되면 내 탓이고 잘못되면 조상 탓이라거나, 내가 하면 로맨스고 남이 하면 불륜이라는 말은 우리의 자기중심성과 이중성을 가장 잘 드러내는 말이다. 그래서 나의 성공은 나의 노력 때문이지만, 남의 성공은 그저 운이 좋았던 것이라고 평가한다. 반면에 나의 실패는 운이 따라주지 않았기 때문이지만 남의 실패는 그 사람의 능력 때문이라고 해석한다.

사람들은 실패를 설명할 때는 운이 나빴다는 사실을 기꺼이 받아들이지만, 성공을 설명할 때는 행운의 영향을 과소평가한다. 이것이 인간이 세상을 해석하는 방식이고, 자신을 설명하는 방식이다. 이런 이야기를 하는 이유는 이런 경향이 나쁘거나 잘못됐다는 게 아니라 이러한 경향이 인간이 가진 기본적인 특성이라는 점을 강조하기 위해서다. 잘못error이 아니라 한계limit인 셈이다. 그리고 이런 심리적 기제를 안다고 해서 이런 한계가 사라지는 것도 아니다. 다만, 조금 더 의식할 수는 있지 않을까? 한 번쯤 나의 성공이나 실패에 대한 해석을 한 발짝 떨어져서 바라볼 필요가 있다.

역사는 의외로 사소한 우연들에 이끌려 왔다

자기 운명은 혼자 힘만으로는 만들 수 없다. 과거의 경험을 한 번 돌아보자. 그때 그 회사에 입사를 하고, 그 부서에 배치를 받고, 그래서 그 일을 시작하게 된 것이 전부 나의 노력과 의지만으로 이루어졌던가? 부서 이동을 하고, 그 상사를 만나고, 때마침 그 자리에 공석이 생겨 새로운 직책을 맡게 된 것도 전부 내 뜻대로 이루어진 일은 아닐 테다. 누군가는 코로나 팬데믹으로 매출이 반토막이 났지만, 또 누군가는 평생 벌어도 만져보지 못할 큰돈을 벌기도 했다. 생각해보면 얼마나 많은 우연들이 내 삶에 작동하고 있었는지 모른다. "시장을 이기는 사장은 없어요." 어느 미디어그룹 사장님이 지나가듯 던진 한마디가 뇌리를 스친다.

실제 역사도 의외로 사소한 우연들에 의해 이끌려 왔다. 〈모나리자〉가 지금처럼 유명해진 계기는 도난사건 때문이었다. 〈모나리자〉가 대낮에 루브르 박물관에서 도난을 당하자 이 소식을 들은 파리 시민들은 그림이 걸려 있던 텅 빈 자리를 보기 위해 루브르 박물관을 찾았고 그 덕에 〈모나리자〉는 유명세를 타게 됐다. 또 수많은 예술적 노력이 성공으로 연결되는지의 여부는 초기 행운에 달려 있다고 한다. 어떤 노래에 대한 평가는 처음 다운로드 받은 사람이 어떤 평점을 부여했는지에 전적으로 달려 있다는 것이다. 만약 첫 다운로더가 좋은 평점을 남기면 다른 사람들도 그 노래에 좋은 평점을 매길 가능성이 높아진다. 하지만 처음에 다운로드 한 사람이 그 곡에 평점을 낮게 준다면 그 곡은 인기를 얻을 가능성이 확실히 줄어든다.

초기의 우연한 성공이 성공과 실패를 가를 수도 있다는 실험 연구도 있다. 연구자들은 크라우드 펀딩을 하는 일부 집단에는 모금액의 1퍼센트를 보내고 다른 집단에는 보내지 않았다. 그리고 펀딩 마감일까지 모금이 되는 양상을 관찰했다. 결과는 초기 1퍼센트 모금액을 받은 집단이 모금 마감일까지 계속해서 모금액의 차이를 벌려갔다. 청원 활동에 대한 실험에서도 비슷한 결과가 나타났다. 동일한 내용의 청원에 대해서 한쪽 게시물에는 청원 초기에 12명이 동의를 했고, 다른 게시물에는 지지를 보내지 않았다. 그랬더니 초기에 12명의 동의를 얻었던 게시물이 계속해서 더 많은 지지를 받았다. 초기에 우연일 수 있는 성공이 결과적으로 성패에 영향을 미쳤다.

그렇다면 이런 우연이 실험실에서만 작동할까? 우리 인생에는 작동하지 않을까? 동료들보다 자신이 좀 더 성공했다면 자신의 노력뿐만 아니라 거기엔 어느 정도 행운도 따랐을 것이다. 반대로 자신이 만약 승진이나 인사이동에서 불이익을 당했다면 자신의 노력이 부족했을 수도 있지만 상황이 도와주지 않았을 가능성도 얼마든지 있다. "선배들이 보직을 안 내려놓고 장기 집권을 하다 보니까 회사에서는 우리가 낀 세대가 되어서 피해를 보고…."와 같은 상황이 얼마든지 벌어질 수 있는 것이다. 그래서 같은 능력과 배경을 지닌 사람이라도 일의 성패를 예측하기는 무척 어렵다.

노력도 중요하지만 운도 중요하다

그렇다고 노력이 필요 없다거나 노력하지 말자는 이야기는 결코 아니다. 성공한 사람은 예외 없이 남들보다 더 많이 노력했다. 더 치열하게, 더 열심히 살아왔다는 표현으로는 부족할 만큼 분투하는 삶이었다. 이건 분명한 사실이다. 다만 자신의 성공을 모두 노력 때문이라고 설명하지는 말자는 얘기다.

그런데 사회적 성공이나 성취로 인정받았던 남자들일수록 자신의 노력이 만든 개인의 신화를 쓰곤 한다. 그리고 그런 신화는 나이가 들면서 깨지게 되는데, 그때 끔찍한 추락을 경험한다.

우리의 성공이 모두 노력 때문이었다면, 실패 또한 전적으로 우리의 게으름 때문이어야 한다. 성공이 모두 우리의 유능함 때문이라면, 실패 또한 오롯이 우리의 무능함 때문이어야 한다. 그런데 과연 그런가? 노력과 행운에 대한 관점을 바꾸고 성공과 출세에 대한 집착을 서서히 거두어야 성공 또는 실패 이후에 새로운 출구를 모색할 수 있다. 〈뉴욕타임스〉 칼럼니스트이자 《소셜 애니멀》의 저자인 데이비드 브룩스David Brooks가 독자에게 전한 말을 다시금 기억해야 할 순간이다.

"인생을 살아가다 보면 얼마나 많은 성취를 오롯이 선생님의 힘만으로 이루어냈는지 돌아보는 단계를 거치기 마련입니다. 예를 들어 20대 때는 자신을 슈퍼맨으로 간주해야 합니다. 자신을 완전히 변화시킬 수 있는 힘을 가지고 있다고 상상해야 합니다. 이런 생각은 당신을 발전하게 만드는 열정적인 에너지가 될 것입니다. 30대와 40대에는 당신의 영향력이 줄어듦과 동시에 당신을 둘러싸고 있는 상황의 힘이 점점 더 커진다는 사실을 받아들여야 합니다. 이때 중요한 질문은 '당신이 무엇을 원하는가'가 아니라 '시장이 원하는 것은 무엇인가'라는 점입니다. 그런 다음 50대와 60대에는 사회적 관계가 개인보다 더 강력하다는 점을 이해하게 됩니다. 매니저로서 당신은 부하들의 꿈을 응원하는 인생의 코칭 단계에 있는 자신을 발견하게 되겠지요. 그리고 70대와 80대에는 고대 역사학자처럼 사람들의 삶을 회고하면서 행운의 중요성이 얼마나 컸는지에 대해 놀랄 것입니다. 요약하면, 우리의 시야가 넓어지고 성숙해질수록, 자신의 영향력은 작아지고, 반면에 자신에게 밀려오는 상황의 힘은 더 커집니다. 하지만 우리는 자신이 성취한 업적에 대해 자부심을 가질 권리가 있습니다. 자율성과 자신감을 가진 개인으로서, 야심 찬 기업가로서, 당신이 달성한 모든 것에 대해 자부심을 가질 자격이 충분하다고 믿어야 합니다. 그리고 한 인간으로서, 그것이 말도 안 되는 행운 덕분이었음을 깨닫는 것 또한 중요합니다."

미래를 만들어가는 사람은 나 자신뿐

인간의 가장 오래되고 강력한 감정은 두려움이다. 그리고 가장 오래되고 강력한 두려움은 미지의 것에 대한 두려움이다.

_하워드 필립스 러브크래프트, 공포소설 작가

사람은 누구나 자신의 미래와 운명을 궁금해한다. 특히 삶을 결정짓는 중요한 선택의 기로에 서 있을 때, 한 치 앞도 보이지 않는 불안한 상황에서는 더욱 그렇다. 그러다 보니 불안함을 벗어나거나 실패를 피하고 싶은 마음에 다른 누군가가 방향을 결정해주기를 기대하기도 한다. 사람들이 사주, 운세, 신점, 타로 같은 소위 점집, 철학관, 카페들을 찾는 이유가 바로 이 때문이다. 평소에는 이성적이고 과학적인 사고를 하는 사람들도 때로는 재미 삼아, 때로는 간절하게 자신의 미래와 운명을 알고 싶어 이곳을 찾는다. 재미있는 점은 대부분의 사람들이 사주나 운세가 꼭 들어맞는다고 느낀다는 것이다. 왜 그럴까?

최악보다 사람을 더 불안하게 만드는 불확실성

심리학자들은 인간이 가장 싫어하는 심리 상태 중 한 가지로 불확실성을 꼽는다. 예를 들어보자. 현재 다니고 있는 회사에 대규모 조직개편과 인사발령이 예정되어 있다는 소문이 돈다면 기분이 어떨까? 또는 대규모 희망퇴직이 예정되어 있다면 일에 몰입이 될까? 아마도 일은 뒷전이고 카더라 통신에 귀를 쫑긋 세우게 될 것이다. 그리고 사내 채팅창은 온갖 루머들로 도배될 것이다.

어떤 일이 벌어질지 알 수 없는 불확실한 상황에 놓이는 것은 누구에게나 불편하고 괴로운 일이다. 만약 내가 어떤 상황에 처하게 될지 정확하게 알 수 있다면 미리 준비해서 대처하면 된다. 그러면 어느 정도 상황도 통제할 수 있다. 그러나 불확실한 상황에서는 어떤 일이 벌어질지 예측하기도 어렵고 당연히 적절한 준비를 할 수도 없다. 그러니 자신이 상황에 끌려다닌다는 느낌을 받고 결과적으로 스트레스와 심리적 불편함을 느낀다.

또 불확실한 상황은 사람들에게 부정적인 정보나 사실에 대해 지나친 관심을 갖게 만든다. 불확실성이 커질수록 우리의 뇌는 부정적인 정보나 사실을 확대 재생산시켜 최악의 시나리오를 상상하고 여기에 집착한다. 그래서 불확실한 상황 속에 있는 사람들은 자신이 상상한 최악의 상황이 벌어졌을 때보다 오히려 더 불안함을 경험한다고 한다. 실제 심리학자들이 암 환자들을 대상으로 진행한 연구를 보면, 암을 확진받은 이후보다 조직검사 결과를 기다리는 동안 더 많이 불안해했다. 자신이 암 환자가 되어 경험할지도 모르는 최악의 상황들을 상상하면서 불안과 공포를 느꼈던 것이다.

불확실성이 주는 스트레스와 심리적 불편함은 암 진단처럼 중대한 상황에서만 발생하지 않는다. 이런 불확실성이 주는 마음의 불편함은 일상에서도 흔하게 일어난다. 버스나 기차가 지연될 때 아무런 정보도 주어지지 않는다고 생각해보자. 당연히 스트레스를 받고 긴장감도 높아질 것이다. 반대로 비록 지연되더라도 버스나 열차가 언제쯤 도착할 거라는 시간을 정확히 알려준다면 스트레스 강도가 확 낮아질 것이다. 요즘 우리가 버스 정류장에서 발을 동동 구르는 일이 확연히 줄어든 까닭은 전광판에 내가 탈 버스가 몇 분 후에 오는지 나오기 때문인지도 모른다.

이처럼 불확실성은 불안이라는 불씨에 휘발유를 붓는 것과 같다. 그래서 인간은 정해지지 않은 미래 때문에 늘 불안해한다.

중년은 불확실성이 최고조가 되는 시기

불안은 살아가면서 누구나 느끼는 감정이다. 중요한 선택을 앞두고도 느낄 수 있고, 실패나 좌절을 경험하면서도 느낄 수 있다. 막연하고 모호한 상황에서도 쉽게 경험할 수 있다. 특히 새로운 환경에 적응하고자 할 때 우리는 불안감을 크게 느낀다. 누구든지 변화의 시기를 맞으면 불안해지기 마련이다.

중년기에는 이직이나 퇴직 같은 직업이나 직장 문제, 그에 따른 경제적 문제, 부부나 자녀 문제 등과 같은 다양한 사건과 변화들이 일어난다. 이때는 특히 미래의 삶을 결정짓는 여러 가지 중요한 선택들을 내리게 되는데, 그 선택의 결과들이 대부분 불확실하기 때문에 불안함이 밀려온다. 문제는 중년기에는 이러한 사건에 대처할 수 있는 건강이나 근력 같은 신체적 자원, 사회적 네트워크나 사회적 지지와 같은 사회적 자원, 기분과 감정 상태 같은 정서적 자원, 자기효능감이나 회복탄력성 같은 심리적 자원이 청년기에 비해 감소할 가능성이 크다는 점이다. 이렇게 제대로 된 대비가 되지 않은 상황에서 변화가 밀려오니 세상이 부정적으로 보이고, 그래서 중년기에 미래의 삶을 더 불안해하고 걱정하는 경향이 생기는 것이다.

그렇다면 불안이나 걱정이 실제 문제 해결에 도움이 될까? 펜실베이니아 주립대학교의 심리학과 교수인 미셸 뉴먼Michelle Newman이나 임상심리학자인 멜라니 그린버그Melanie Greenberg 같은 학자들은 걱정을 해본들 마음만 불편하지 실제 문제 해결에는 전혀 도움이 되지 않는다고 강조한다. 이들은 걱정이 실제로 문제를 해결하는지 조사했는데, 걱정을 많이 할수록 오히려 그 문제를 해결할 수 있는 자신의 능력에 대한 자신감이 줄어들어 문제 해결을 위한 행동을 취하기 어려워진다고 한다. 또 해결 방법을 생각해내는 경우에도, 걱정은 문제 상황에 적극적으로 대처하기보다 회피하고 싶게 만들기 때문에 이러한 해결책을 실제로 행동으로 옮길 가능성은 낮다고 한다. 따라서 사람들이 생각하는 해결책이 실제 문제를 해결할 가능성도 작아지더라는 것이다. 특히 매사에 걱정이 많은 범불안장애를 가진 사람들은 그들이 가진 걱정의 91.4퍼센트가 실제 일어나지 않는다고 한다. 다시 말해 사람들은 일어나지 않을 일에 대해 필요 이상으로 걱정을 많이 하고, 또 걱정을 하면 미래에 당면할 일들을 잘 대처할 수 있으리라 생각하지만 그것은 잘못된 믿음이다.

그렇다고 걱정이나 불안이 우리 삶에 전혀 도움이 되지 않느냐 하면 절대 그렇지 않다. 불안은 걱정을 불러일으키는 유쾌하지 않은 감정이고, 그래서 우리는 불안을 없애고 싶어 한다. 그러나 불안은 없앨 수도 없고 그럴 필요도 없다. 진화심리학적 관점에서 불안은 인간의 생존에 필수적인 요소이기 때문이다. 낯선 환경이나 위험한 상황에 처했을 때 생명체에게 나타나는 경고 반응이 바로 불안이다. 불안은 위험하고 불안정한 상황에서 한 개인을 보호하는 역할을 한다. 그래서 진화심리학에서 불안은 인간 생존의 역사와 함께해온 필수 감정이라고 말한다. 정상적인 불안은 위험을 경고해주고, 그럼으로써 위험에 대비할 수 있게 해준다. 이러한 적응적인 기능 덕분에 우리는 시험을 앞두고 열심히 공부를 하고 노후를 대비해 돈을 아끼고 모으는 것이다.

안타깝게도 많은 사람들이 걱정이나 불안에 대해 별로 효과적이지 않은 방식으로 대처하곤 한다. 지나친 걱정과 불안은 생각의 폭을 좁히고, 자신의 능력을 제대로 발휘할 수 없게 만든다. 또 불안은 새로운 상황에서 사람들을 더 보수적으로 반응하도록 한다. 그래서 리스크가 있지만 더 좋은 결과를 얻을 가능성이 높은 선택을 하기보다는 리스크가 거의 없는 대신 현상유지는 할 수 있는 선택을 하게 만든다. 이런 선택이 반복되면 결과적으로 지금보다 더 나아지기는 힘들다.

또한 불안은 긍정적인 결과보다 부정적인 결과를 더 크게 인식하게 만든다. 심지어는 불확실성이 주는 스트레스가 너무나 크다 보니 사람들은 불확실성을 없애기 위해 더 나쁜 선택을 내리기도 한다. 뉴먼 교수는 "불안장애가 있는 사람들은 자신의 선택이 장기적으로 해가 된다는 것을 알면서도 단지 현재의 불확실성을 없애기 위해 그런 선택을 하는 경향이 있다."라고 말했다. 갑작스럽게 퇴직을 한 중년 남자들이 사기꾼들의 감언이설에 속아 넘어가는 것도 최대한 빨리 불확실성을 없애려는 조급한 마음에서 비롯된 게 아닐까?

중년기에 당면하는 여러 변화와 불확실한 미래가 주는 불안은 인간이 경험하는 지극히 자연스러운 현상이며 감정이다. 그래서 중년기의 삶에서 중요한 부분은 그 불안을 없애기보다 불안을 안고 살아가는 법을 배우는 것이다.

불안감을 줄여주는 상황에 대한 통제감

자신이 주변 세상을 통제할 수 있다고 '믿는' 정도에 따라 행복 수준이 얼마나 달라지는지를 조사한 많은 심리학 연구가 존재한다. 먼저 연구자들은 사람들을 두 집단으로 나누었다. 한쪽은 삶의 많은 부분을 자신의 의지와 통제력으로 관리할 수 있다고 믿는 사람들이었고, 다른 한쪽은 주어진 삶 속에서 우리가 할 수 있는 행동은 수동적으로 반응하는 것뿐이라고 믿는 사람들이었다. 연구자들은 이 두 집단의 행복 수준에 대해 조사했는데, 주변 세상을 통제할 수 있다고 믿는지의 여부에 따라 사람들이 느끼는 행복에는 큰 차이가 있었다.

자신이 주변 세상을 통제할 수 있다고 믿는 사람들은 무언가를 성취하고자 하는 의지가 더 강했고, 불안감이 적었으며, 어려움에도 잘 대처했다. 그 결과 행복 수준이 높았다. 그런데 이 결과에서 진짜 주목해야 할 점은 실제로 그들이 세상을 얼마나 잘 통제하는지의 여부가 아니다. 가장 중요한 차이는 주변 세상을 통제할 수 있다고 자신이 '믿는' 정도다. 궁극적으로 이 연구가 이야기하는 것은 스스로 미래를 만들어나갈 수 있다는 믿음이 자신의 능력에 대한 긍정적인 믿음과 사람들의 행복에 상당한 영향을 미친다는 점이다.

자신을 둘러싼 상황이나 사건을 자신이 통제할 수 있다는 믿음, 즉 스스로 뭔가 해낼 수 있다는 믿음을 '통제감'이라 한다. 이런 통제감이 사람들의 신체적인 건강은 물론 삶의 만족감이나 행복에 긍정적인 영향을 미친다는 수많은 심리학 연구 결과가 있다. 역설적으로 이런 믿음은 삶이 혼란스럽고 예측불가능한 시기에 더욱 필요하다. 지금까지 자신의 삶을 잘 관리해온 것처럼 여전히 자기 운명의 강력한 주인이라고 스스로 믿는 마음이 자신을 지탱해줄 수 있다.

중년의 변화는 불가피한 것이다. 그 누구도 시간을 막지 못한다. 변화는 너무나 당연하고 자연스러운 현상이며, 모든 변화에는 어쩔 수 없이 불편하고 고통스러운 경험이 따라온다. 그러므로 변화에 직면한 사람들은 그 시기가 힘들 수밖에 없다는 사실을 인정하고 받아들여야 한다. 그런 마음을 갖지 못하면 자기 혼자만 힘든 삶을 산다는 우울감에 빠지면서 점점 더 좌절할 수밖에 없다.

미래는 예측하는 것이 아니라 만들어가는 것이다

다시 앞으로 돌아가서, 과학적 근거가 없다는 사실을 알면서도 우리는 왜 점과 운세를 보러 다니는 걸까? 이 질문에 대한 답을 하기에 앞서, 다음 글을 한 번 읽어보시라. 이 글은 심리학자인 필자가 당신의 특성을 묘사한 글이다.

당신은 다른 사람들이 당신을 좋아하고 존경하기를 바란다. 당신은 스스로에게 비판적인 경향이 있다. 당신에게는 아직 장점으로 발휘되지 않은 많은 잠재력이 있다. 비록 성격상 약점도 있지만 이를 적절히 보완할 능력도 있다. 겉으로는 스스로를 잘 조절하는 듯 보이지만 사실 속으로는 걱정하고 불안해하기도 한다. 또 때로는 내가 좋은 결정을 내렸는지 그리고 적절한 행동을 했는지 의심하기도 한다. 당신은 약간의 변화를 좋아하지만, 그 변화로 인해 어떤 제약에 부딪힐 때면 불평도 한다. 당신은 스스로 주체적이고 독립적인 사람이라는 사실에 자부심을 느낀다. 그러나 이 때문에 확실한 증거 없이는 다른 사람의 말을 잘 받아들이지 않기도 한다. 당신은 다른 사람들에게 자신을 너무 솔직하게 드러내는 것이 현명하지 못한 행동임을 알고 있다. 당신은 외향적이고 다정하고 사교적이지만, 때로는 내

성적이고 다른 사람 때문에 위축되기도 한다. 또 당신은 너무 비현실적인 어떤 소망을 갖고 있기도 하다.

어떤가? 당신의 특성과 유사하지 않은가? 이 글은 사실 19세기 말 미국의 사업가이자 쇼맨이었던 피니어스 테일러 바넘Phineas Taylor Barnum이 서커스 공연에서 관람객들의 성격을 알아맞히는 마술에서 유래했다. 그가 속임수를 쓴다고 생각한 사람들은 자원해 무대로 나갔고, 바넘은 그 사람의 성격을 정확하게 맞췄다. 바넘의 놀라운 능력은 미국 전역에서 회자됐고 그는 이걸로 많은 돈을 끌어모았다.

이 의심스러운 바넘의 비밀을 밝힌 사람은 심리학자 버트럼 포러Bertram Forer였다. 포러는 학생들을 대상으로 자신이 새롭게 고안한 방식이라고 하면서 성격 검사를 실시했다. 그리고 일주일 후 학생들 개개인의 성격이 묘사된 결과지를 나눠주었다. 그러고는 검사 결과가 자신의 성격과 얼마나 일치하는지 0점에서 5점까지 점수를 매겨보라고 했다. 결과는 매우 놀라웠다. 학생들의 점수가 평균 4.2점이었던 것이다.

다시 말해 검사 결과가 학생 개개인의 성격을 아주 잘 묘사하고 있다는 의미였다. 그런데 여기에는 중요한 조작이 있었다. 학생들이 받은 결과지는 모두 동일한 것이었다! 어떻게 학생들은 이 결과가 자신의 성격을 정확하게 묘사하고 있다고 생각했을까? 그 이유는 포러가 학생들에게 나눠주었던 결과지의 성격 묘사 때문이다. 좀 전에 읽었던 바로 그 성격 묘사 말이다.

이렇게 애매한 표현들은 누구에게나 적용될 만하고, 사람들은 그 애매한 표현을 자신의 입장에 맞게 재구성한다. 미래에 대한 얘기도 마찬가지다. "여름에 물가를 조심하라."는 말은 잘 따져보면 누구에게나 일어날 수 있는 보편적인 예측이다. 하지만 사람들은 자신의 이야기라고 철석같이 믿는다.

점쟁이나 타로 마스터의 예언이 이루어지는 것처럼 느껴지는 이유는 또 있다. 우리가 아파서 의사의 처방을 받으면 당연히 그 처방에 따른다. 약도 먹고 음식도 조절하고 운동도 한다. 술과 담배도 줄이거나 끊는다. 이렇게 하면 건강이 좋아진다. 마찬가지로 점쟁이나 타로 마스터의 예언을 믿고 그에 따라 행동하면 결국 예언대로 이루어질 확률이 높아진다. 결국 그 점집이나 타로 마스터는 '용한 곳'이 되는 것이다.

여기에 더해 사람들은 점을 보러 가기 전부터 어느 정도 마음속에 답을 가지고 있다. 우리가 아무 생각이나 기대 없이, 백지상태로 누군가에게 질문을 하러 가는 일은 거의 없다. 어느 심리학 교수는 간혹 제자들이 "이런 사람과 결혼해도 될까요?"라고 물으러 오면 아예 답을 하지 않는다고 한다. 그런 질문을 하는 제자는 이미 마음속에 답을 가지고 있고, 자신이 원하는 대답을 다른 누군가가 해주길 기대하기 때문이란다. 우리가 점을 보러 가는 것도 자신의 결정에 힘을 실어줄 누군가가 필요하기 때문이다.

불안은 걱정은 불러오고, 이 감정들은 우리의 마음을 위축시켜 앞으로 나아가기 어렵게 만든다. 그래서 우리는 누군가가 나의 선택이나 미래를 예측해주고 지지해주기를 기대한다. 만약 지금 마음이 많이 불안하다면 점집을 드나들며 시간과 돈을 낭비하기보다 차라리 주변의 많은 사람들을 만나서 이야기를 나누어보면 어떨까? 나보다 5년, 길게는 10년 선배들을 만나 그들의 조언을 들어보면 큰 도움이 될 것이다. 또 내가 관심을 갖는 분야가 있다면 그 분야에 몸담고 있는 다양한 사람들의 경험과 지식이 당신의 결정에 더 큰 힘이 될 것이다.

심리학자들이 자주 사용하는 비유 중에 '마음 근육', '생각 근육'이라는 표현이 있다. 마치 우리 몸을 지탱해주는 신체의 근육이 있는 것처럼 우리 삶을 지탱하는 마음과 생각에도 근육이 있다는 의미다. 그리고 이 마음 근육과 생각 근육은 신체 근육처럼 사용하지 않으면 줄어들고 약해지는 반면, 지속적으로 단련하면 더 강해진다.

그런 관점에서 미래의 삶에 대한 불안과 걱정이 많은 중년의 시기에는 의도적으로 다시금 성장과 도약을 위한 결단이 필요하다. 그리고 가끔씩 도전적 상황과 마주하자. 그렇다고 너무 거창한 도전일 필요는 없다. 그동안 입어보지 않던 스타일의 옷을 입어보는 것, 헤어 스타일을 바꿔보는 것, 새로운 곳을 여행하는 것, 새로운 모임에 문을 두드리는 것도 모두 도전을 위한 좋은 연습이다. 이 같은 연습은 걱정과 불안을 처리할 수 있는 능력을 키워준다. 미래는 예측하는 것이 아니라 만들어가는 것이다. 그리고 그것은 오직 당신만이 할 수 있다.

Chapter. 3

그렇게 진짜 나를 다시 만난다

삶을 살아가는 데 필요한 여섯 가지 자본

누군가에게 딱 맞는 신발이라도 다른 사람의 발은 아프게 할 수 있다. 모든 경우에 다 적용될 수 있는 삶의 비결이란 존재하지 않는다.

_칼 융, 심리학자

심리학을 비롯해 경영학, 경제학, 간호학 등 많은 학문 분야에서 중년기 삶에 대한 연구들을 진행한 바 있다. 어떤 사람들이 중년기 이후에 만족스러운 삶, 행복한 삶을 사는지, 또 그런 삶을 살기 위해 필요한 조건이나 기준은 무엇인지에 대해서도 탐색해왔다. 그럼에도 중년이 되는 과정이나 중년기 삶에 대한 예측은 여전히 불분명하고 모르는 것들이 너무 많다. 그들의 삶의 모습이 너무나도 다양하기 때문이다. 긴 시간 동안 차곡차곡 쌓여온 다양한 삶의 경로와 경험들, 그들의 삶에 영향을 미쳤던 서로 다른 사회적 배경들, 그리고 개인이 가진 목표나 기대가 모두 달랐던 탓이다. 여러분 주변의 친구들을 한 번 떠올려보자. 비슷비슷한 모습으로 함께 교실에 앉아 있었지만 현재 삶의 모습은 참으로 다양하지 않은가? 30~40년이라는 시간 동안 우리의 삶은 정말로 다채롭게 변화할 수 있다.

이러한 다양함 속에도 공통된 부분은 있기 마련이다. 여러 연구들을 종합해보니 중년 남자의 만족스러운 삶이나 행복한 삶에 가장 크게 영향을 미치는 요인들 몇 가지를 꼽을 수 있었다. 어떤 연구에서는 그런 요인을 심리적 웰빙, 생물학적 웰빙, 사회적 웰빙이라고 부르기도 한다. 또 다른 어떤 연구에서는 신체적 자원, 인지적 자원, 동기적 자원, 재정적 자원, 사회적 자원 그리고 정서적 자원이라고 부르면서 이런 자원을 얼마큼 소유했는지에 따라 개인의 삶에 대한 평가가 달라질 수 있다고 한다.

이와 같은 연구들을 모아보면 대체로 아래와 같은 여섯 가지 요인으로 요약되는데, 이를 중년의 삶을 잘 살아가는 데 필요한 여섯 가지 자본이라 이름 붙일 수 있다.

신체적 자본, 몸이 건강해야 마음도 건강

신체적 자본이 중년의 삶에서 가장 기본적인 요소라는 데는 별 이견이 없어 보인다. 상당히 많은 연구에서 건강 상태가 좋으면 중년기를 잘 보낼 수 있다고 이야기한다. 예를 들어 운동은 만성적인 질병에 걸릴 확률을 낮춰준다. 또 적절한 운동은 두뇌 활동에도 도움이 되며, 우울증과 치매의 발병률을 낮춰준다. 그렇다고 격렬한 운동이나 엄청나게 많은 운동량이 필요한 것은 아니다. 매일 30분 정도의 달리기나 수영 또는 걷기 정도만 해도 충분히 효과가 있다고 한다.

적절한 운동은 건강을 유지하고 신체 에너지 수준을 높일 뿐만 아니라 긍정적인 정서를 느끼게 해준다.

"일주일에 세 번은 5킬로미터씩 뛰어요. 내 몸이 건강하고 활력이 있으면 일에서도 기운이 넘치죠."
"갑작스럽게 퇴직당한 이후에도 제가 버틸 수 있었던 건 운동 때문인 것 같아요. 매일 꾸준히 운동을 하면서 건강도 관리하지만, 마음을 다잡고 스트레스도 풀었던 것 같아요."

어려운 시기에도 자신을 위한 활동에 시간과 에너지를 투자하는 건 장기적으로 도움이 된다. 복잡한 일들이 마음속에서 정리되기도 하고, 새로운 시도를 위한 의지가 생겨나기도 한다.

특히 최근에는 수명이 길어지면서 얼마나 오래 사느냐를 넘어 얼마나 건강하게 사느냐가 화두가 되고 있다. 한쪽에서는 많은 사람들이 100세 시대를 준비하며 몸 관리를 하지만 또 다른 한쪽에서는 귀찮음과 시간 부족을 이유로 건강을 챙기는 일을 소홀히 한다. 몇 년 덜 살아도 좋으니 그냥 편하게 살고 싶다고 말하는 이들도 많다.

그러나 이들이 간과한 사실이 있다. 운동을 한다고 해서 오래 사는 것이 아니듯, 건강에 해로운 것을 한다고 해서 일찍 죽는 것도 아니라는 사실이다. 고도로 발달한 의학 덕분에 우리는 유병

장수하고, 더 오랜 세월을 만성질환으로 고통받을 수도 있다. 더 끔찍한 사실은 자신뿐만이 아니라 가족들도 함께 고통을 받는다는 것이다. 신체적으로도, 정신적으로도 그리고 경제적으로도 모두에게 부담이다. 중년기에는 지금부터라도 어떻게 건강을 관리하느냐가 미래 삶의 질에 결정적인 영향을 준다.

경제적 자본, 성큼 다가온 노후에 맞춰 대비를

경제적 자본은 주로 소득과 관련된다. 직접적으로 노동력을 투입하여 발생하는 소득뿐 아니라 이자, 주식, 토지, 건물 같은 물질적 자본도 모두 포함한다. 소득은 중년기로 넘어가는 과정과 은퇴 후 적응 과정에서 가장 중심이 되는 요인이다.

"퇴직해서도 돈을 뿌리고 다니는 사람들은 변화를 못 느껴요. 사람은 자기 씀씀이나 여유가 줄어들게 되면 위축되기 마련이거든요. 여자도 그러겠지만 남자들은 더 지갑에서 나오는 힘을 알고 있기 때문이죠. 돈이 없으면 괜스레 마음이 불편하고, 밖에 안 나가고, 숨고, 피하고, 연락 안 하고… 그렇게 되죠."

중년기에는 자녀 교육이나 자녀 결혼 등으로 경제적 지출이 증가하고 이에 따라 노후 생활에 대한 경제적 걱정과 불안이 커진다. 실제로도 이 때문에 많은 문제가 생기기도 한다. 그래서 스탠퍼드대학교의 심리학 교수인 로라 카스텐슨Laura Carstensen과 마사 디비Martha Deevy, 케네스 스미스Kenneth Smith는 늘어난 평균수명에 맞춰 경제적 문제에 관한 삶의 양식을 다시 디자인하라고 조언한다. 그 내용을 정리하면 다음과 같다.

첫째, 더 오랫동안 일하라. 은퇴 시점은 과거와 비슷하지만 수명은 크게 늘어났기 때문에 30년의 직장생활만 가지고는 30년에 육박하는 은퇴 후 기간을 실제로 감당하기 어렵다. 따라서 더 오래 일하고 더 오래 벌어야 한다.

둘째, 더 절약하고 더 많이 저축하라. 2018년 기준, 한국의 노인빈곤율은 43.4퍼센트로 OECD 국가 중 1위이다. OECD 국가의 평균인 14.8퍼센트보다 세 배나 높은 수준이다. 미국(23.1퍼센트), 일본(19.6퍼센트), 영국(14.9퍼센트), 독일(10.2퍼센트), 프랑스(4.1퍼센트)보다 압도적으로 높다.

노인빈곤율을 좀 더 쉽게 이해하기 위해 설명을 조금 덧붙이면 여기서 말하는 '빈곤'은 중위소득의 절반 미만을 가진 상황을 말한다. 대한민국 총 가구의 가처분소득을 조사해 가처분소득이 높은 순서대로 배열했을 때 정확히 중앙에 있는 값이 바로 중위

소득인데, 이것보다 적게 가졌다는 의미다. 우리나라 1인 가구의 중위소득은 월 182만 7,831원이고(2021년 기준), 이 절반은 약 91만 원, 현재 기준으로 월 소득이 91만 원 미만이면 빈곤으로 본다는 얘기다.

빈곤이 문제가 되는 이유는 국민연금공단 자료를 보면 명확해진다. 우리나라 65세 이상 노인의 경우, 혼자 살아도 식료품비, 의료비, 통신비 등 한 달 생활비로 129만 3,000원이 필요한 것으로 나타났다. 그러나 51~60세 국민연금 가입자 중 월 130만 원 이상 연금 수급이 가능한 사람은 8.4퍼센트에 불과하다. 즉, 국민연금으로 최소 수준의 생활이 가능한 사람이 100명 중 여덟 명 정도밖에 안 된다. 그래서 한국경제연구원은 우리나라는 노인들이 매우 곤궁하고, 고령화 속도도 전 세계적으로 유례없이 빠르기 때문에 대책 마련이 시급하다고 이야기한다. 또 공공 일자리는 근원적 대책이 될 수 없으며, 연금 기능 강화와 민간에 의한 양질의 일자리 제공만이 유일한 해결책이라고 강조했다. 카스텐슨 교수 역시 "장기적인 수입을 이끌어낼 자산에 투자해야 하며, 가능한 한 자산을 보전해야 한다."라고 조언한다.

셋째, 재정 관련 공부를 하라. 투자를 하거나 인플레이션 상황에서도 버틸 수 있는 자산을 보전하기 위해서는 경제 관련 지식을 더 많이 쌓을 필요가 있다. 재정 상태를 정확하게 파악하고,

자녀 교육이나 각종 지출을 어떻게 조절하면 좋은지, 또 여유 자금을 어떻게 관리해야 되는지 등 은퇴 후 인생 설계에 대한 학습이 꼭 필요하다. 다행히 한국의 모든 금융기관들은 무료로 재정 관련 교육이나 상담을 제공하고 있다. 금융기관을 방문하지 않더라도 금융 전문가가 진행하는 유튜브 등 다양한 채널을 통해 이러한 교육을 받는 방법도 있다. 무엇이 됐든 늦지 않게 이런 자료들을 접하고 자신의 자산 관리에 이를 활용해야 한다.

인지적 자본, 내 머리와 손이 지닌 가치

인지적 자본은 경제적 가치를 만들어낼 수 있는 개인의 능력을 의미한다. 즉, 그 사람이 가진 지식, 기술, 기능뿐만 아니라 아이디어나 가치관 등 장기간에 걸쳐 만들어진, 내가 아는 것 그리고 내가 할 수 있는 것 등을 모두 포함한다. 이런 인지적 자본이 많은 사람은 유식하고 똑똑하며 특히 문제 해결 능력이 있다.

그렇다면 인지적 자본을 어떻게 늘릴 수 있을까? 방법은 단 한 가지, 배움을 이어 가는 것 말고는 없다. 여기서 배움을 이어 간다는 게 꼭 학교나 학원 등을 통해서 배운다는 의미는 아니다. 일상의 경험 안에서 배움을 얻을 수도 있고, 동호인 활동 등 전문가 모임을 통해서도 얻을 수 있다. 카스텐슨 교수는 교육 수준이 높은 집단일수록 그렇지 못한 집단에 비해 노년기에 독립적이고 자유로운 삶을 누릴 가능성이 높다고 말한다. 무언가를 배우는 행위는 단순 비용이 아니라 나에 대한 일종의 투자다.

그렇다면 우리나라의 현실은 어떠할까? 55~64세의 중년들의 경우 직업과 관련된 평생학습 참여율은 겨우 18퍼센트 정도에 불과하다. 우리나라는 대학 졸업 때까지 어느 나라보다 많은 교육비를 투자하는 데 반해 대학을 졸업하고 나면 다른 그 어떤 나라보다도 자신을 위한 교육비를 쓰지 않는다. 통계를 살펴보기 전에 실제 내 생활을 돌아보자. 그리고 주변 동료들도 떠올려보자.

사회생활을 시작한 후에 내 돈 내고, 내가 스스로 원해서 참여한 교육이나 학습 기회가 얼마나 되는가? 아마 거의 없을 것이다. 한국에서 직장인 교육은 회사가 시간과 돈을 들여 시키는 것, 하기 싫은데 고과 때문에 어쩔 수 없이 해야 하는 것, 시간 낭비처럼 느껴지는 것이라는 이미지가 강하다. 이제 막 직장생활을 시작하는 20~30대들은 자기 돈을 수십만 원씩, 많게는 수백만 원씩 들여가며 여러 온라인 강좌를 듣기도 하고 비싼 콘퍼런스에 참여하기도 한다. 그러나 현재의 40~50대들에게 이런 경험은 굉장히 낯설다.

일정한 수입이 있는 동안에도 내 돈을 들여 교육에 참가해본 경험이 없다 보니, 퇴직 이후에 그런 선택을 하기란 더더욱 쉽지 않다. 나에 대한 교육 투자는 100세 시대에 꼭 해야 하는 '자원의 배분'이라고 할 수 있다. 노후에도 상당 기간 일을 해야 하는 시대를 우리는 살아가고 있다. 자신에게 투자해 나이 들어서도 좋은 일자리를 갖게 된다면 그게 더 수지맞는 장사가 아닐까?

사회적 자본, 시간과 감정을 공유하는 좋은 관계들

사회적 자본은 가족, 친구 그리고 내가 알고 있는 사람들처럼 사람들과의 관계망을 뜻하는 말이다. 중년에 대한 많은 연구들이 중년기 삶에서 인간관계가 얼마나 중요한지를 여러 차례 강조한다. 그 연구 결과들은 딱 꼬집어 말한다. 마음을 터놓고 이야기 나눌 상대가 없다면 행복한 노년도 없다고.

"인생에서 가장 중요한 것은 바로 다른 사람들과의 인간관계인데, 그중에서도 가장 중요한 관계가 배우자와의 관계입니다."

하버드 의대 정신과 교수이자 하버드대학교 건강센터에서 성인발달 연구소장으로 일한 조지 베일런트George Vaillant 교수의 말이다. 중년 남자들의 경우, 배우자가 있는 사람이 배우자가 없는 사람보다 삶이 더 안정적이다. 일부 연구에서는 배우자가 있는지 여부보다는 '배우자와의 관계가 좋은지 여부'가 중년기 웰빙과 더 밀접하게 관련된다고도 한다. 그러나 어떤 연구에서든 일관되고 분명하게 밝히고 있는 사실은 중년 남자들의 경우, 퇴직 이후 삶에 적응하는 과정에서 배우자의 지원이 절대적으로 중요하다는 것이다.

"아내가 힘이 많이 되어줬거든요. 제가 집에 있는 동안에 자기 대인관계를 상당 부분 포기하면서까지 저를 많이 챙겨주더라고요. 아내도 많이 힘들었을 거예요. 그래도 저를 많이 챙겨주고, 많이 위로해줬는데… 그게 참 고마웠어요. 이게 가족의 힘인 것 같아요."

남자들에게 아내는 인생에서 가장 소중한 존재다. 나이 들수록 더 그렇다. 그러니 아내에 대해 남자들이 가져야 할 태도에 대해 더 긴 설명은 필요 없을 듯하다.

중년 남자들은 대개 청소년 또는 20대 자녀를 두고 있는데, 이들 자녀와의 관계도 삶의 질에 영향을 미친다. 자녀와의 갈등은 부모의 삶의 만족도를 떨어뜨리는 가장 큰 요인이 되기도 하지만, 이들이 자라서 집을 떠나고 경제적으로 독립하면 중년기 결혼생활의 전환점이 될 수 있다. 젊은 시절 자녀와 더 많은 시간을 함께 보내지 못한 것에 대한 아쉬움부터 온갖 정성을 다해 길렀던 자녀들이 자신을 떠날 때 느끼는, '나는 지금까지 뭘 한 거지?'와 같은 허무함이 밀려온다. '빈 둥지 증후군'이라고 부르는 이 경험은 어쩌면 해방감과 함께 상실의 경험일 수도 있다. 과거 이런 경험은 어머니인 중년 여성에게 많이 나타났지만 최근에는 가정과 자녀에 관심을 두는 남자들이 많아지면서 중년 남성에게서도 흔하게 나타난다.

중년 남자들에게 형제들 사이의 관계는 크게 중요한 문제로 부각되지 않는다는 점은 꽤나 흥미롭다. 형제 관계는 대개 개인의 인생에서 가장 길게 이어짐에도 불구하고 여자 형제들과 달리 남자 형제들은 그다지 자주 연락을 주고받지 않는다. 그런데 심리학자들의 연구를 보면 자주 연락하는 형제가 있는 경우가 그렇지 않은 경우보다 삶의 질이 더 높았다. 특히 형제들과의 연락은 노년 초기로 가면서 더 중요해졌다.

가족뿐만 아니라 친구들도 중년 남자의 삶에서 매우 중요한 사회적 관계다. 가족이 자신을 믿어주는 것, 가장 친한 친구들이 자신을 응원하는 것 등이 이들에게는 다시 힘을 낼 수 있는 주요한 동력원이다. 친구 관계는 인간의 삶 전체에 큰 영향을 미치는데, 20~40대까지는 친구의 수가 얼마나 많느냐가 중요한 반면 중년기에는 친밀한 소수의 친구들이 더 중요해진다. 직장 동료도 삶의 질에서 중요한 원천이다. 동료들과 맺은 친밀한 관계는 다른 관계에서 경험하는 부정적인 정서의 영향력을 완화해준다.

심리적 자본, 고난과 역경에 대처할 수 있는 마음

심리적 자본은 자신감, 희망, 낙관, 회복탄력성 같은 '내가 나에게서 느끼는' 심리적 건강성을 말한다. 베일런트 교수가 60여 년간 종단 연구를 통해 밝혀낸 행복한 노년을 위한 조건들 가운데 으뜸은 성숙한 방어기제, 즉 고난에 대처하는 자세였다.

우리는 살면서 어쩔 수 없이 고난과 역경을 마주할 수밖에 없는데, 이런 일에 대응하는 성숙함이 행복하고 건강한 삶의 일등공신이라는 것이다. 예를 들어 안 좋은 상황이 발생했을 때 이를 너무 심각하게 보지 않고 희망적인 부분을 생각해볼 수 있는 유머와 위트, 고통스러운 상황에서 자신의 마음을 가라앉힐 수 있는 억제, 아무런 대가를 바라지 않고 타인을 돕거나 자신에게 필요한 것이라도 더 필요한 타인을 위해 기꺼이 내어주는 이타주의 등이 이에 해당한다.

때로 예술가들은 현재의 어려움을 창작욕으로 바꾸는데, 이렇듯 부정적인 정서를 긍정적으로 전환시키는 것을 '성숙한 방어

기제'라고 부른다. 이렇게 할 수 있는 사람은 훨씬 더 행복하게 살 수 있다. 반면 남 탓만 하고 분노를 타인에게 돌리는 투사, 상대의 기분을 거슬리게 하는 방식으로 분노를 표출하는 것처럼 소극적이고 간접적인 방법으로 자신의 불만이나 분노를 전달하는 수동 공격성, 건강 염려증 등을 '미성숙한 방어기제'라고 부른다. 이런 성향을 많이 가지고 있으면 행복하게 살기 어렵다.

또 미국의 심리학자인 줄리언 로터Julian Rotter는 중년기 이후 통제감을 유지하는 게 중요하다고 말한다. 통제감이란 자신의 힘으로 주변 환경 및 사건을 통제할 수 있다는 믿음, 즉 스스로 뭔가 해낼 수 있다는 믿음이다. 로터는 "상황이나 문제를 스스로 통제할 수 있다고 믿는 사람은 쉽게 무기력에 빠지지 않지만, 스스로 통제할 수 없다고 믿으면 무기력에 빠진다."고 말한다. 즉, 현재 내가 처한 환경에서 삶을 내가 어떻게 바라보는지에 따라 의미와 목적을 결정할 수 있다는 얘기다. 자신의 몸(건강)을 통제할 수 있다고 믿는 사람은 마음(심리)까지도 그렇게 할 확률이 높다. 그리고 스스로 통제, 관리할 수 있는 것들이 많을수록 무언가를 실행해볼 마음이 더 생긴다.

정체성 자본, 내가 누구인지 스스로 아는 마음

정체성이란 '나는 누구인가?', '다른 사람과 구별되는 나만의 특징은 무엇인가?' 등에 대한 고민이다. 또 개인이 '자기 자신에 대해서 가지는 연속성과 단일성을 지닌 주관적인 느낌'이며, '상당 기간 동안 일관되게 유지되는 고유한 실체로서 자기에 대한 주관적 경험'을 의미한다. 그래서 어느 정도 자신의 정체성에 대한 관념이 정립됐다는 말은 자신의 삶의 가치, 목적, 비전 등에 대한 신념을 갖고 있어서 '내가 누구인지'를 이해하고 표현할 수 있음을 뜻한다. 인생에서 정체성 자본이 중요한 이유는 자신의 정체성을 명료하게 알 때 비교적 일관되고 안정적인 삶의 방식을 유지할 수 있기 때문이다. 또 중요한 선택의 순간에서 후회하지 않을 선택을 하며 살 수 있고, 삶에 시련이 닥쳐도 쉽사리 흔들리지 않는다.

지금까지 소개한 여섯 가지 자본 중 무엇이 가장 중요할까? 단연 정체성 자본이다. 이 자본을 지닌 사람들은 자아 정체성을 확인하고 실현하고 또 수정하면서 의식적으로 자신에게 맞는 삶을 살며 이 과정에서 고난과 역경을 넘어 자기 자신을 관리할 수 있다. 이는 심리적 자본의 축적으로 연결된다. 동시에 자아 정체성을 현실화하려면 부단히 학습해야 하기 때문에 인지적 자본 또한 축적하게 된다. 이런 삶을 만들어가는 사람 주변에는 자연스럽게 사람들이 모여들어 사회적 자본도 확보하게 된다. 그리고 이 모든 일의 결과로 경제적 자본이라는 부산물이 따라오면 고마운 일일 것이다.

물론 이 모든 자본을 완벽하게 갖추고 살아야 한다는 의미는 아니다. 세상에 그런 사람이 존재할 수 있을까 싶기도 하다. 다만 사는 게 혼란스럽고 복잡할수록 '만족스러운 삶을 산다는 것', '잘 산다는 것'에 대한 자신만의 기준이 필요하다는 뜻이다. 그런 기준이 없으면 끊임없이 세상 변화에 따라 내 삶이 휘둘리고, 남의 기준에 따라 내 삶이 움직여버린다. 당연히 삶의 안정감도 남의 이야기가 된다. 여기서 소개한 여섯 가지 자본이 자신만의 기준을 만드는 데 중요한 지침이라는 사실을 꼭 기억하자.

왜 이 나이에 정체성을 생각해야 하는가

내 존재의 의미는 나의 삶이 내게 던지는 질문에 있다. "나는 누구인가?"라는 물음에 스스로 답하지 않으면 세상의 반응에만 의존하게 될 것이다.

_ 칼 융, 심리학자

몇 년 전부터 MBTI 테스트가 열풍이다. 어느 모임에 가든 서로의 MBTI를 묻는 것이 너무나 자연스러워졌다. 친구나 회사 동료는 물론 심지어 정치인들까지 MBTI를 이용해서 자신과 타인을 카테고리로 나누고 설명한다. 나는 어떤 유형이기 때문에 이런 행동을 하는 건 당연한 거라며 자신을 정당화하기도 하고, "너는 E유형인데 왜 그래?"라며 상대를 특정 행동 유형 속에 가두기도 한다. 또 어떤 유형은 머리가 좋고, 어떤 유형은 일을 잘하고, 어떤 유형은 부모님을 힘들게 한다는 말도 안 되는 해석도 공공연히 떠돈다. 여기에 더해 서로의 유형을 공유하고 비교하면서 자신의 존재, 자신의 좌표를 확인하려 한다.

사람들은 왜 MBTI 테스트에 열광할까?

우리는 살면서 다양한 사회적 역할을 수행한다. 그리고 그 역할을 수행하는 과정에서 다양한 나의 모습이 드러난다. 직장에서의 내 모습은 집에서의 모습과 다르고, 친구들 속의 내 모습은 비즈니스 세계에서 내 모습과 다르다. 또 페이스북, 블로그, 인스타그램 같은 가상세계에서의 내 모습 역시 현실 세계의 나와 사뭇 다를 수 있다. 이렇게 다양한 장면마다 다르게 표현되는 자신을 마주하는 순간, 사람들은 '진짜 나는 누구인가' 하고 혼란스러워하고, 자신의 참모습을 확인하고 싶어 한다. 특히 요즘처럼 세상이 격변하는 상황에서는 청년은 청년대로, 중년은 중년대로 또 노년은 노년대로 모두의 삶이 불확실하고 불안하다. 이렇듯 빠르게 바뀌는 세상, 나에게 부여된 다양한 역할, SNS로 창조되는 모습 등까지 사회 전반에 퍼진 이런 분위기는 '나'라는 존재를 더욱 궁금하게 만든다.

이런 상황에서 MBTI는 나를 객관화시켜 설명해주고 불확실성을 해소시켜주는 손쉽고 흥미로운 도구로 유행하게 됐다. MBTI 유형이 망망대해에서 나의 위치를 확인할 수 있는 일종의 좌표가 된 셈이다. 사람들은 그런 좌표를 알면 내가 몰랐던 진짜 자기를 알 수 있을 거라고 생각한다. 비록 나의 행동이 상황마다 다르더라도, 상황에 영향을 받지 않는 영속적이고 동일한 느낌의 진짜 자기가 있으리라 기대하는 것이다. 그리고 그것을 발견하면 자기 자신에 대한 수수께끼를 풀 수 있다고 여긴다.

그러나 심리학자들의 생각은 조금 다르다. 인간은 본래 다양한 상황과 맥락에 속해 있고, 그 다양한 환경에 따라 다양한 요소들로 구성된 복합체라고 말이다. 예를 들어 가족 관계, 직업, 졸업 한 학교, 사는 곳, 외모, 이미지나 느낌, 성격, 재능, 지적 능력, 믿음, 신념 등은 모두 자기 자신self을 구성하는 하나의 요소다. 즉, 그 다양한 요소들의 총합이 바로 자기 자신이라는 거다. 그래서 유형이 틀렸다고 할 수는 없지만 그것을 맹신하는 것도 경계해야 한다.

삶의 의미와 방향성을 나타내는 정체성

그렇다면 자신이 누구인지 어떻게 말할 수 있을까? 자기 자신을 자기라고 정의할 수 있는 기준은 무엇일까? '나는 누구인가?'라는 질문에는 여러 답이 뒤따른다. 중년의 직장인들에게 이런 질문을 던지면 대부분 "나는 어떤 회사 직원이다.", "나는 무슨 팀의 팀장이다.", "나는 어떤 일을 하는 사람이다."와 같은 대답을 들려준다. 간혹 "나는 ○○○이다."라며 자신의 이름 석 자를 적는 경우도 있지만 주로 직장을 중심으로 자신을 묘사한다. 이렇게 자신이 누구인지에 대한 질문은 분명 정체성을 향해 있지만, 이 질문에 대한 대답이 곧 정체성을 뜻하지는 않는다. 즉, 자기에 대한 생각이나 개념이 곧 정체성은 아니라는 말이다.

정체성이란 '내가 누구인지에 대한 특정한 방식의 판단'이다.

여러 다양한 자신의 모습 중에서 상당 기간 일관되게 유지되고 있는 모습, 자신이 생각하는 주관적 실체가 정체성인 셈이다. 삶의 가치, 목적, 비전 등에 대한 신념을 갖고 있어 '내가 누구인지'를 규정하는 것이다.

고려대 심리학과 박선웅 교수는 '자기개념'과 '정체성'을 나눠서 다음과 같이 설명한다. 먼저 정체성은 우선순위가 정해져 있다. 자기개념은 자신이 가지고 있는 특징들에 대한 단순한 나열이기 때문에 어떤 것이 더 중요하고 덜 중요한지 우선순위가 없다. 반면 정체성은 우리는 살면서 내리는 여러 가지 중요한 선택들이 있는데, 자신에게 더 중요한 것과 덜 중요한 것을 선택하는 과정을 통해 형성된다. 따라서 정체성이 형성된 사람은 중요한 선택의 순간에 자신에게 무엇이 더 중요한지 알 수 있고, 그에 따라 선택할 수 있는 사람이다.

자기개념과 구분되는 정체성의 또 다른 특징은 조화와 일관성이다. 이러한 조화가 가능한 이유는 자신에게 무엇이 중요한지 이미 알고 있기 때문이다. 대립되는 가치나 우선순위를 조화롭게 조정해서 자신의 자기개념을 유지한다. 마지막으로 정체성은 삶의 의미와 방향성을 포함한다. 정체성은 자신에게 정말 중요한 가치가 무엇인지에 대한 답이기 때문에 정체성을 형성한 사람은 그 방향으로 자신의 삶을 이끌어 가며 그 삶의 여정 자체에서 의미를 찾는다. 또 자신에게 주어진 길을 제대로 걷고 있다는 자기 확신 역시 가지고 있다.

'나는 누구인가?'라는 질문에 대해 개념적으로는 이렇게 자기개념과 정체성을 구분하지만, 그 구분이 이루어지는 지점은 늘 모호하다. 그래서 이 질문에 대한 답이 진짜 있기는 한 것인지에 대한 의문도 계속된다. '나는 누구인가?'에 대한 질문은 인간이 가진 의식의 역사만큼이나 오래되었고 그만큼 정체성에 대한 정의는 시대와 학자에 따라 매우 다양하게 변했다. "개인의 영속성, 단일성 또는 독자성, 불변성이고 또 개인의 동일성에 대한 의식적 감각"이며, "개인이 자기 자신에 대해서 가지는 연속성과 단일성을 지닌 주관적인 느낌"이라는 입장도 있고, "개인의 정체성은 개인의 특성 못지않게 그가 형성하고 있는 관계망과 그 네트워크 속 위치에 의해서 정의된다."는 입장도 있다. 후자는 주로 상황과 맥락의 힘을 강조하는 사회심리학자들의 입장이다.

100년 전, 미국의 사회심리학자 찰스 쿨리Charles Cooley는 거울 속 자기, 거울자아looking glass self라는 개념을 제시한 바 있다. 쿨리는 자기를 파악하는 데 있어서 가장 핵심은 주위 사람이라는 사실을 간파했다. 우리는 우리 자신이 다른 사람의 눈에 어떻게 보이는가, 어떤 평가를 받는가를 상상하면서 마치 거울에 비친 자기 모습을 바라보듯 자기개념을 형성한다는 것이다. 즉, 인간은 자기 스스로 자기라는 개념을 형성한다고 생각하지만 사실은 다른 사람의 영향을 받아 만들어진다.

직업적 정체성을 넘어 삶을 재평가하라

사회심리학자들의 관점에 따르면 거대 조직에 근무하는 경우, 자기 자신보다 조직에 우선순위를 둘 수밖에 없고, 그래서 자기 자신의 정체성과 목표보다는 조직의 정체성과 목표가 더 중요시된다. 한국 사회의 중년 남자들이 직장과 일을 중심으로 구성해왔던 정체성은 고도 성장기에 있던 한국 기업이라는 맥락에서 그들이 자신의 시간을 얼마나 치열하게 보내왔는지에 대한 반증이기도 하다. 그러니 왜 직장, 일, 명함을 빼고 자신을 설명하기 어려워하는지 너무 자책할 필요가 없다. 그 시절엔 그 시절을 지배했던 게임의 법칙이 있었고, 그 게임의 법칙에 충실했기 때문에 지금의 자신이 있는 것이다. 그 시간을 치열하게 보냈던 만큼, 이제 달라진 상황과 맥락에서 열심히 자신의 정체성을 탐색하고 재구성하는 과정을 시작하면 된다.

하버드 의과대학교 교수인 마리오 알론소 푸이그Mario Alonso Puig는 이렇게 말했다. "성인이 되면 자아가 완전히 확립되어 절대 변하지 않는다고 생각한다. 그러나 그것은 틀린 생각이다. 변할 수 없다는 뿌리 깊은 믿음이 우리의 변화를 가로막고 있을 뿐이다. 자아와 정체성은 정확히 재단되어 굳어진 구조가 아니라 계속 변모하는 과정이다. 진정한 자기계발은 겉보기에 타인보다 더 나은 자아를 만드는 것이 아니라 자신이 가진 기존의 정체성을 뛰어넘어 진정한 모습을 찾는 과정이다."

또 중년기 정체성을 이해하는 데 도움이 되는 개념으로 심리학자 융이 설명한 페르소나persona라는 용어가 있다. 가면mask이라고도 불리는 페르소나는 사회적 환경이나 규범에 따라 요구되는 역할이 있고, 그것에 대처한 결과로서 발생한다. 페르소나는 사회생활을 하는 사람들에게 끊임없이 자신을 포장하고, 그것을 통해 자신의 주변 세계와 관계를 맺을 수 있게 한다. 그래서 우리는 누구나 여러 개의 페르소나를 가지고 있다. 사회적 역할이 많을수록 페르소나의 수도 그만큼 늘어난다. 가장으로서 페르소나, 직장인으로서 페르소나, 친구로서 페르소나가 있다. 그래서 미국의 사회학자인 어빙 고프먼Erving Goffman은 "인생은 일종의 롤플레잉 게임이며 우리가 성인이 된다는 것은 결국 우리에게 주어진 배역이 무엇인지, 그 배역에 맞는 대본이 무엇이며 누구와 공모해야 하는지, 그리고 가장 중요한 관객이 누구인지를 깨닫고 배우는 과정"이라고 했는지 모른다.

하지만 이런 페르소나는 자신의 본 모습과는 차이가 있을 수밖에 없고, 사람들은 페르소나와 자신의 본래 모습과의 차이에서 갈등을 느끼게 된다. 특히 바깥세상은 멋진 페르소나를 가진 사람들에게 특별히 더 환호하기 때문에 그 페르소나에 자신을 동일시하고 싶은 유혹에 빠진다. 그리고 이런 페르소나가 본래 자신의 모습 이상으로 강조되거나 확대될 경우, 그 사람은 페르소나 안에서 열등감과 고립감을 느끼게 된다. 예를 들어 배트맨이나 스파이더맨 같은 영웅들이 영웅으로서의 자기 모습과 본래의 자기 모습 사이에서 고립과 갈등을 느끼는 것처럼 말이다. 페르소나는 가면일 뿐인데 거기에 지나치게 몰입하여 가면을 쓴 모습이 진짜 나라고 착각하며 살기도 한다.

하지만 중년에 이르면 사람들은 그 가면에 한계와 부담을 느낀다. 진짜 자신의 모습을 확인하고 싶어 하면서, '나는 누구인가?'라는 질문을 던지게 된다. 그동안 사회에서 강요하는 페르소나 때문에 가면을 쓴 사회적 얼굴로 살아왔지만, 이 페르소나로부터 자유로워지고 싶어 하면서 혼란을 경험하는 것이다. 그 대표적인 장면이 회사에서 퇴출당하고 명함을 상실할 때이다. 직장을 다니는 대부분 한국 남자의 사회적 상호작용은 명함과 관계된다. 명함을 통해 사람들을 만나고, 명함을 통해 일을 하고, 명함을 통해 자신을 확인한다. 그러나 퇴직하는 순간, 명함이 사라지는 순간, 나머지 상호작용도 모두 사라진다. 그러면서 자신을 확인할 방법이 없어지는 것이다.

이런 측면에서 한국의 중년 남자들은 직업적 정체성을 넘어 또 다른 차원에서 정체성을 만들어가야 한다. 중년기는 자신의 인생에 대한 깊은 회고를 하며, 스스로의 삶을 재평가하는 시기다. 이러한 삶의 재평가를 통해 이제껏 자신이 고수해오던 가치관과 목표, 과거의 선택들을 돌아보고 자신이 포기했던 것과 앞으로 자신이 선택해야 할 것들을 정리해볼 수 있어야 한다. 이런 과정을 통해 자신의 정체성을 탐색하는 일은 중년 남자들에게 매우 중요한 과제다. 그러려면 '지금까지 내가 열심히 해왔던 일은 어떤 것인가? 어떤 경우에 나의 재능이 발휘되었는가? 나의 가치 기준은 무엇인가? 내가 중요하다고 믿는 것을 하기 위해 무엇을 바꿔야 하는가?'와 같은 자기 자신밖에는 답할 수 없는 질문을 스스로에게 던져야 한다.

중년기의 과제는 '회사를 옮겨라', '직업을 바꿔라', '사업을 시작해라'와 같은 것만을 의미하지 않는다. 중년기의 본질적인 과제는 생각을 바꾸고 세상을 보는 시각을 바꾸고 자신의 삶을 재정비하는 것이다. 그러려면 자신의 가슴속을 들여다봐야 한다. 답은 결국 MBTI가 아니라 자기 속에 있다.

전체의 인생 속에서 발견하는 정체성

사람은 자신의 가슴속을 들여다볼 때 비로소 시야가 트인다.
바깥을 보면 꿈을 꾸지만, 안을 들여다보면 깨어날 것이다.

_칼 융, 심리학자

우리가 '누군가를 안다'고 말할 때 그것은 대체 무엇을 안다는 말일까? 그리고 그 사람을 더 잘 알기 위해 우리가 알아야 할 것은 무엇인가? 물론 누구도 다른 사람을 '정말로' 완전히 알지 못한다. 그리고 어쩌면 자기 자신에게조차 그러할 것이다.

누군가를 안다는 것의 의미

노스웨스턴대학교의 저명한 성격심리학자인 댄 맥애덤스Dan McAdams 교수는 누군가에 대해 안다는 것은 크게 세 가지 수준, 즉 기질적 특성, 특징적 적응, 인생 이야기로 구분할 수 있다고 했다.

먼저 기질적 특성은 '성격이 급하다', '차분하다', '성실하다'처럼 우리가 다른 사람의 성격에 대해 이야기기할 때 흔히 쓰는 표현들이다. 심리학에서 사용하는 이런 특성에 대한 이론으로 가장 유명한 것이 '성격 5대 특성'이다. 사람의 기질적 특성이 크게 다섯 가지로 구성된다고 보고 어떤 특성이 상대적으로 높게 나타나는지를 보는 방식이다. 각 요인은 성실성, 우호성, 신경증적 경향

성격 특성	내용
성실성	· 체계적, 계획적으로 일을 처리하고 책임감이 강하며 신중한 성향 · 사회적 규칙, 규범, 원칙을 잘 지키려는 경향 · 과제에 대한 조직력이 뛰어나며, 성취 욕구가 강하고, 목표지향적
우호성	· 타인을 신뢰하며 이타적이고, 친밀하고 조화로운 관계를 유지하는 성향 · 협조적이고, 배려하며, 갈등 상황에서 타인에게 양보하는 경향 · 타인을 존중하고 자신을 과시하지 않는 성향
신경증적 경향성	· 정서적 불안정성이나 부적응의 수준으로 자신의 충동을 잘 조절하지 못하며, 스트레스에 대해 잘 대처하지 못하는 성향 · 보통 사람들에 비해 예민하며, 변덕을 부리고, 잘 참지 못하는 경향 · 불행한 사건을 실제보다 더 크게 부풀려 생각하고 반응하기 때문에 걱정, 초조, 불안, 우울해지기 쉬우며 이러한 감정이 오래 지속됨
경험에 대한 개방성	· 변화와 다양성을 좋아하는 성향으로 상상력과 창의성이 높고 아이디어가 풍부하며 감정적, 정서적으로 풍부하고 예술적 감성이 높은 성향 · 새로운 아이디어와 가치관에 개방되어 있으며 새로운 환경을 수용하는 성향 · 여러 가지 지적 자극, 변화, 다양성을 선호 · 자신과 타인의 감정에 민감하게 반응하는 경향
외향성	· 사람들과 함께 어울려 일하길 좋아하고, 타인의 관심을 끌고자 하며 리더십과 설득력이 있고 활동적, 적극적인 성향 · 주도적, 적극적, 열성적, 자기주장을 잘하는 경향 · 명랑, 쾌활, 활발하며 낙관적이고 낙천적인 사람

성, 경험에 대한 개방성, 외향성으로 지칭된다.

이 중 성실성은 일과 관련된 전체적인 사항들을 두루두루 고려해서 체계적이고 계획적으로 일을 처리하며 책임감이 강하고 신중한 성향을 의미한다. 자기관리에도 능해서 사회적 규범이나 원칙을 잘 지키고 성취 욕구가 강하며 목표지향적이다. 우호성은 다른 사람에게 친절하고 친밀하며 조화로운 관계를 유지하는 성향이다. 다른 사람들을 배려하고 공감도 잘하며 이타적이고 솔직한 태도로 협조적이고 조화로운 관계를 맺는다.

신경증적 경향성은 자신의 충동을 잘 조절하지 못하며, 스트레스에 잘 대처하지 못하는 성향을 의미한다. 불안과 우울, 충동성이 높으며 상처받기 쉽다. 불행한 사건을 실제보다 더 부풀려 생각하는 경우가 많아서 걱정, 초조, 불안, 우울과 같은 감정이 오래 지속된다.

경험에 대한 개방성은 변화와 다양성을 좋아하는 성향을 의미한다. 호기심이 많고 상상력과 창의성이 높아 아이디어가 많고 감성이 풍부하고 예술적 감성이 높다. 새로운 지식을 잘 받아들이고 개방적인 가치관으로 새로운 환경이나 다른 가치관을 가진 사람에게도 열린 자세를 보이는 경우가 많다. 외향성은 따뜻하고 사교적이며, 주도적이고 자기주장을 잘하는 활동적인 경향을 의미한다. 사람들과 함께 어울려 일하길 좋아하며, 다른 사람에게 주목받기를 원하는 성향으로, 리더십과 설득력이 있고 적극적이다.

이러한 기질적 특성이라는 관점에서 인간은 다양한 상황에서도 잘 변하지 않고, 비교적 오랜 기간에 걸쳐 일관성 있게 나타나는 심리적 경향성을 가진 존재라고 본다.

그런데 최근에는 이러한 기질적 특성보다 '특징적 적응'이라는 요소가 더 많은 주목을 받고 있다. 특징적 적응은 사람들이 각자 처해 있는 상황 속에서 어떻게 적응하는지를 가지고 그 사람을 이해하려는 입장이다. 예를 들어 사람들은 저마다 목표나 계획, 삶의 가치와 여러 가지 동기를 가지고 있는데, 이에 따라 삶의 방식에 차이가 난다. 즉 '그 사람은 무엇을 원하는가? 무엇을 가치 있게 여기는가? 자신이 원하는 것을 어떻게 추구하는가?'와 같은 삶의 태도나 방식을 알면 그 사람을 안다고 이야기할 수 있다는 입장이다.

기질적 특성이 성격을 중심으로 좀 더 고정적이고 일관된 모습으로 사람을 이해하려는 입장이라면, 특징적 적응은 삶의 목표를 중심으로 스스로 결정을 내리고, 자신의 삶을 계획하는 주체적 존재로서 사람을 본다. 따라서 개인을 파악할 때는 기질적 특성 이외에도 특징적 적응을 함께 고려해야 한다. 왜냐하면 같은 기질적 특성을 가졌더라도 사람들마다 서로 다른 특징적 적응 양식을 갖기 때문이다. 다시 말해 똑같이 우호성이 높은 사람도 어떤 사람은 의사가 되겠다는 목표를 가질 수 있고, 다른 사람은 교수라는 목표를 가질 수 있다.

마지막으로 인생 이야기는 각 개인이 가지고 있는 삶의 경험에 대한 이야기다. 똑같이 외향성이 높은 기질적 특성을 가졌으며, 의사라는 동일한 목표, 즉 특징적 적응을 가졌더라도 왜 의사가 되려고 하는지에 대한 이야기는 서로 다를 수밖에 없다. 그래서 누군가를 제대로 알기 위해서는 그 사람의 인생 이야기를 반드시 알아야 한다. 이것은 자기 자신에게도 마찬가지로 적용된다.

우리가 다른 사람을 이해하기 위해 그 사람의 이야기를 들어야 하듯이 자기 자신을 이해하고 알기 위해서는 자기 삶에 대한 이야기를 정리해봐야 한다. 자신의 인생 이야기 속을 들여다보면 MBTI가 말해주지 않는 다른 것들을 발견할 수 있다.

이야기 속에 숨은 나의 정체성 찾기

인생 이야기 속에는 그저 자신이 경험한 단편적인 사건 외에도 많은 것이 담긴다. 그 이야기 안에는 자신이 어떤 삶을 살아왔고, 지금 자신의 모습이 어떻게 만들어졌으며, 어떻게 삶을 살아가고 있는지가 담긴다. 이런 이야기 속에는 과거 자신의 삶의 경험과 미래의 기대가 담겨 있고 각각의 장면에서 성공과 실패, 환희와 좌절, 전성기와 암흑기 그리고 그 사이의 전환 과정이 들어 있다. 이런 의미에서 심리학자들은 인생 이야기 속에는 그 사람의 정체성이 숨어 있다고 말한다. 그래서 이런 이야기를 서사 정체성 narrative identity이라고 부른다.

중년 남자들은 자신의 인생 이야기를 통해 스스로가 누구인지를 이해할 수 있다. 그리고 나이가 듦에 따라 자신의 인생에서 그 사건이 어떻게 변화하며, 어떤 의미가 있는지에 대해 더 구체적이고 일관되게 묘사할 수 있다. 예를 들어 군대에서 힘들게 고생했던 그 경험이, 또는 직장생활에서 성과를 만들거나 실패를 경험하게 했던 그 사건이 지금 나에게 어떤 영향을 주었고, 어떤 의미가 있는지에 대해 더 분명하게 이야기할 수 있게 되는 것이다.

인생 이야기를 쓸 때 그 이야기가 완벽하게 실제 사건과 일치해야 한다거나 객관적일 필요는 없다. 인생 이야기는 자기 경험에 대한 개인적이고 주관적인 이야기다. 그래서 설사 객관적인 사실과 차이가 있을지라도, 현재 시점에서 자신의 지난 삶을 평가하고 회고하는 것만으로도 삶을 재평가하고 의미를 재구성하는 데 중요한 의미를 지닌다.

역사학자 에드워드 카Edward Carr는 "역사란 현재와 과거 사이의 끊임없는 대화다."라는 유명한 말을 남겼다. 당신의 인생 이야기도 '현재와 과거 사이의 대화'이다. 과거를 바라보는 사람은 누구든 현재라는 시대적 제약을 받을 수밖에 없다. 그래서 역경을 극복한 경우 과거 사건을 긍정적으로 회상하게 되며, 과거 사건이 여전히 부정적으로 해석된다면 아직 역경을 극복하지 못한 것일 수 있다. 현재 자신이 처한 상황에 따라 과거 경험을 보는 견해도 달라진다. 인생 이야기를 쓰는 것은 과거를 돌아보며 후회하라는 뜻이 아니다. 과거를 돌이켜보는 행위는 지난날에 대한 부정이 아닌 자기 인생에 의미를 부여하는 일이다. 사람은 사건에 의해 변하지 않고 사건을 '어떻게 받아들이느냐'에 따라 변한다는 말이 있다. 그런 의미에서 인생의 주요 사건들을 묘사해보는 일은 정체성 탐색에 있어 매우 중요하다.

196쪽 표는 주요 시기별로 영향을 준 사건과 그 사건에 대한 의미를 기록할 수 있는 양식이다. 간단해 보이지만 이 칸들을 다 채우고(특별한 사건이 없는 시기는 공란도 가능), 그 사건들의 의미를 적어보는 과정은 짧은 시간 안에 마칠 수 있는 성격의 작업이 아니다. 며칠 정도 시간을 두고 천천히 진행해보기를 권한다. 빈칸을 채울 때 앨범을 펼쳐놓고 과거를 회상해보면 기억을 더듬는 데 훨씬 도움이 된다. 틀림없이 중간중간 흐뭇한 미소를 입가에 짓기도 할 테고, 때로는 뜻밖의 기억 때문에 가슴이 두근거리기도 할 것이다. 생각보다 흥미롭고 재미있을 테니 시간을 내어 꼭 채워보길 권한다.

인생의 주요 사건 돌아보기

시기	영향을 준 사건	그 일은 현재의 자신에게 어떤 의미가 있는가?
유아기		
초등학교		
중학교		
고등학교		
대학교		
20대		
30대		
40대		
50대		

다음은 이 도표를 보고 자신의 과거를 돌아본 한 사람의 예시다. 어떤 시기에 특별한 이슈가 없었다면 굳이 쓰지 않아도 된다. 스스로의 삶을 돌아보고 반추하는 것이기에 굳이 꾸밀 필요도 없다.

예시

시기	영향을 준 사건	그 일은 현재의 자신에게 어떤 의미가 있는가?
유아기	특별히 없음	
초등학교	특별히 없음	
중학교	비평준화 지역에서 고등학교를 진학해서 중학교 때, 새벽까지 공부함	'무언가 목표가 생기고, 하려고 하면 열심히 하는 사람이구나'라는 깨달음을 얻었다. 마음 먹으면 잘 해낼 수 있는 가능성과 잠재력을 가지고 있고, 중요한 선택에서 큰 힘을 얻을 수 있겠다는 느낌을 갖게 되었다.
고등학교	국어 성적이 제일 좋았지만 남들이 다 넌 '문과'라고 이야기해서 이과 선택	남들이 가라고 하는 길을 안 가는 나만의 고집 같은 것이 있다. 다른 사람들이 아무리 좋다고 해도 스스로 납득이 되지 않으면 그것을 선택하지 않는다. 스스로 한 판단과 결정을 믿는 편이다. 세상의 기준에 흔들리고 동요하지 않는 나만의 기준이라는 게 있음을 알게 되었다.
대학교	교환학생으로 중국에 감	어떤 상황에서든 적응할 수 있는 생존 능력을 발견했다. 그때의 경험 이후에 새로운 환경에 대한 두려움이 현저하게 떨어졌다. 그래서 새로운 상황, 도전, 변화를 큰 두려움 없이 선택할 수 있을 것 같다.
20대	특별히 없음	

시기	영향을 준 사건	그 일은 현재의 자신에게 어떤 의미가 있는가?
30대	이직 선택	모두가 안정적이라고 좋아했던 공공기관(협회)으로의 이직을 포기했다. 직장이 안정적이면 삶이 다소 느슨해지고 재미가 없어질 것 같았다. 삶에서 배움과 성장의 기회를 얻는 것이 나에게 있어 대단히 중요하다는 사실을 새삼 깨달았다. 내가 어떤 기준을 가지고 삶을 살아가는지 분명하게 이해하는 계기가 되었다. 앞으로도 중요한 선택의 갈림길에 놓인다면 내가 어떤 선택을 하게 될지, 그리고 왜 그런 선택을 하게 될지 예측할 수 있을 것이다.
40대	현재 40대의 시기	

인생 이야기가 중년에 더 중요한 이유

인생 이야기를 통해 정체성을 연구한 심리학자들은 중년기의 사람들이 인생의 다양한 사건을 어떻게 해석하고, 이것을 자신의 이야기 속에 어떻게 통합시키는지 연구했다. 그랬더니 다양한 삶의 도전과 변화에서, 특히 부정적인 사건의 고통과 역경으로부터 회복이라는 의미를 얻을 때, 심리적 행복을 더 크게 느끼는 경향이 있음을 발견했다.

자신의 삶을 어렵게 만든 사건들은 자신을 지키고 변화시키기 위한 여러 방법을 탐색하면서 '나는 누구인가'에 대한 자기성찰의 기회가 되었고, 이런 성찰과 시도를 통해 실제 긍정적인 결과를 만들어냈다고 해석하기 때문이라고 한다. 심리학자들은 이를 '자기 성장'이라고 부른다. 과거 자신의 경험에 대한 해석을 통해 정체성과 삶의 목적이 더 명료해지고, 자기효능감이 증가하며, 다른 사람과 의미 있는 관계를 증가시킴으로써 그 사람의 긍정적 자기발달과 삶의 질을 낫게 만들기 때문이다.

중년기의 사람들은 인생에 한 번쯤 자신의 삶을 돌아보며 정체성을 다시금 탐색하고 그로써 자기 성장의 기회를 마련할 필요가 있다. 그렇게 하기 위해서는 청년기의 삶 속에서 서로 다른 역할을 하면서 가졌던 자신의 여러 모습들을 잘 통합하는 일이 필요하다. 또 다양한 삶의 경험, 특히 부정적인 경험에 의미를 부여하는 일도 해야 한다. 그리고 그 이야기 속에 등장하는 주요 인물들과의 관계와 그 의미도 재평가해볼 필요가 있다. 그런 과정을 통해 남은 이야기가 바로 우리의 삶이고 자신의 정체성이다. 그리고 또 시간이 흘러 지금의 내가 어떤 이야기로 남을지 생각해본다면 훨씬 성숙한 중년의 삶을 살 수 있을 것이다.

“지금 꿈은 뭐야?”라고 아이가 묻는다면

삶을 지속하는 유일한 방법은 완수할 과업을 가지는 것이다.

_고든 올포트, 심리학자

덕선: 난 꿈이 없어 아빠. 한심하지? 나 진짜 멍청한가 봐.

동일: 멍청하긴 뭣이 멍청하디? 아, 그 꿈은 시방 가지면 되지!

덕선: 정말?

동일: 아 정말이지. 아버지도 니 나이 때 아무 생각 없이 살았어. 덕선아, 다 그래. 괜찮아. 너만 그런 거 아니니께 하나도 걱정하지 마. 아빠도 처음부터 은행원이 꿈이였냐? 아냐, 아니여. 그냥 먹고살라고 버둥버둥대다 본께 여기까지 온 것이제.

덕선: 그럼 아빠 지금 꿈은 뭐야?

동일: 아빠 시방 꿈은…. 우리 보라, 우리 덕선이, 우리 노을이 하나도 안 아프고 건강한 거. 아빠 꿈은 그거 하나밖에 없어.

덕선: 아니 내 꺼 말고. 아빠 꿈은 뭐냐고….

동일: 그랴. 그게 아빠 꿈이여. 자식새끼 셋 다 건강하고 안 아픈 거. 그거 말고 아빠 꿈이 또 뭐 있데. 없어. 그거 하나여.

국민 드라마라 불렸던 〈응답하라 1988〉의 한 장면이다. 50대 아빠 역의 성동일과 고등학교 3학년인 딸 덕선이 골목길에 앉아 꿈을 이야기하는데, 왠지 남의 얘기 같지 않다. 그래서 이런 상상을 해본다. "아빠, 지금 꿈은 뭐야?"라고 아이가 물어본다면 나는 뭐라고 대답했을까?

너 커서 뭐가 되고 싶니?

"제가 자라면서 제일 듣기 싫었던 질문 중 하나가 '너 커서 뭐가 되고 싶니?'였어요. 나는 아무 생각이 없는데, 아무 생각이 없는 아이 입장에서 이런 질문은 되게 난감했던 거죠. 뭐라도 대답은 해야겠는데, 특별히 대답할 '거리'가 없었던 거예요."

지금 50대를 보내고 있는 한 중년 남자의 고백이다. 그래서 그는 이런 질문을 받을 때면 늘 가슴이 '쿵'하고 머리가 '띵'했단다. 누구나 꿈을 가지고 있는데, 나만 가지지 못한 것 같아서 창피하기도 했고, 꼭 해야만 하는 일을 하지 않은 것 같아 죄책감도 가졌단다. 그래서 그는 이런 질문이 참 싫었다고 한다.

중년 남자들이 모인 자리에서 이 이야기를 들려주면 많은 남자들이 '우리 때는 다 비슷했다'며 공감한다. "그때 꿈이라는 게 뭐 있어요? 그냥 열심히 공부해서 좋은 대학 가는 거, 졸업해서 좋은 직장 취직하는 거, 그 정도지요. 가끔 의사가 되겠다, 판검사가 되겠다, 교수가 되겠다며 공부를 하거나 유학을 준비했던 친구들이 그나마 좀 구체적인 뭔가가 있었던 거지, 나머지는 다 비슷비슷했어요."

성동일의 대사처럼, 그리고 한 중년 남자의 고백처럼 지금의 중년들이 청년기를 보내던 시절에는 딱히 미래에 대한 진지한 고민을 하지 않더라도 잘 살 수 있었다. 청년기의 삶은 이미 만들어져 있는 여러 갈래길 중 어떤 길을 갈 것인지에 관한 선택의 문제였기 때문이다. 그런데 중년기 이후의 삶은 얘기가 좀 다르다. 만들어져 있는 길을 가는 것이 아니라 내가 직접 다리를 놓으며, 그 다리를 건너가는 것이기 때문이다.

내가 다리를 놓아가며 건너려면 먼저 어떤 '방향성'이 있어야 한다. 즉, 어떤 모양의 다리를 놓을지 결정하기 전에 어느 방향으로, 어느 곳을 향해 다리를 놓을지 결정해야 한다. 그래야 물의 깊이에 따라, 물살의 세기에 따라 어떤 다리를 어떤 방식으로 놓을지 정할 수 있다.

많은 심리학자들이 성장은 숨 쉬는 동안 결코 멈추지 않는 과정이라고 입을 모아 말한다. 그래서 삶의 방향성을 물어보는 '너 커서 뭐가 되고 싶니?'라는 질문은 중년이 된 남자들에게도 여전히 유효하다. 어른이 되고 나이를 먹는다는 것은 과거에 품었던 꿈과 미래에 될 무언가를 끊임없이 조정한다는 의미이기 때문이다. 그래서 나이를 먹어서도 '나는 무엇이 되고 싶었을까?'에 대해 되돌아보는 작업이 필요하다. 그리고 앞으로 더 잘 살기 위해서는 '나는 무엇이 되기를 바라는가?', '어떤 삶을 살기를 기대하는가?', '어떤 존재로 남고 싶은가?'에 대한 탐색이 필요하다.

희망하는 자기와 두려워하는 자기

'나는 무엇이 되고 싶었을까?' 그리고 '나는 무엇이 되기를 바라는가?'에 대한 이야기를 심리학에서는 '가능한 자기possible selves'라고 부른다. 가능한 자기는 중요한 삶의 목표를 의인화한 표현이다. 스탠퍼드대학교의 헤이즐 로즈 마커스Hazel Rose Markus 교수는 가능한 자기는 '희망하는 자기hoped-for selves'와 '두려워하는 자기feared selves'로 이루어진다고 말한다.

희망하는 자기에는 성공적인 자기, 창조적인 자기, 부유한 자기, 날씬한 자기 혹은 사랑받고 존경받는 자기 등이 포함되는 반면, 두려워하는 자기에는 외로운 자기, 우울한 자기, 자신 없는 자기, 실업자 자기, 혹은 가난한 자기 등이 포함될 수 있다.

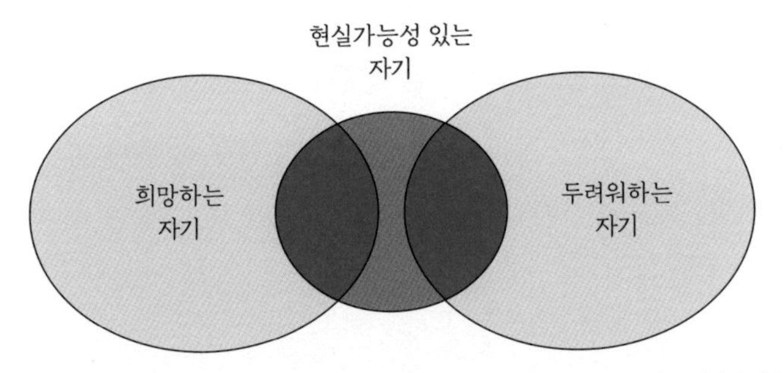

Markus and Nurius(1986, p.954)을 Harrison, N(2018)에서 재구성

그리고 대부분의 사람들은 희망하는 자기를 향하여 달려가는 반면, 두려워하는 자기를 피하기 위해 분투한다. 그래서 가능한 자기는 미래에 대한 기대 속에서 현재 사람들의 행동을 이끌어내는 중요한 동기가 된다.

중년기 이후에도 여전히 사회적인 영역에서 가능한 자기, 즉 목표를 가진 사람들이 그렇지 않은 사람들보다 전반적으로 날마다 더 성장하고 만족스러운 삶을 산다. 물론 중년기에는 어쩔 수 없이 과거에 소중했던 목표가 더 이상 가능하지 않은 시점을 만나게 된다. 특히 퇴직처럼 트라우마가 될 만한 중대한 삶의 변화에 직면할 수밖에 없다. 이런 변화에 잘 적응하기 위해 필요한 것이 바로 새로운 목표다. 회사 이외에 자신의 삶을 지탱할 무언가가 필요하다.

"내가 회사에서 임원이 되겠다, 사장이 되겠다, 이런 건 이미 물 건너간 거잖아요. 그래도 남한테 지탄받을 짓은 안 하고 살았으니 그건 다행이고요. 대신 이제부터 나무 공부를 좀 하려고 해요. 학교에 다시 가서 체계적으로 배우고, 그러면 10년 이상 직업 삼아 살 수 있지 않겠어요?"

이렇듯 이루지 못한, 잃어버린 가능한 자기와 잃어버린 목표에 대한 고통과 허무함에서 벗어나 자신의 위치를 재평가하고, 그에 따라 새로운 목표를 추구하려는 자세가 필요하다.

가능한 자기는 사람들에게 하나의 희망이 된다. 희망은 현실적이고 긍정적인 미래를 상상하는 것인데, 희망이 없으면 우리는 자포자기하여 우울증에 빠질 수 있다. 사람들은 희망을 가질 때 미래의 가능성을 찾아 나아간다. 그리고 희망하는 가능한 자기를 성취할 수 있다고 믿을 때 자존감도 높아지고 신체적으로 더 건강한 상태를 유지할 수 있다.

중년 남자들에게 가능한 자기가 필요한 가장 중요한 이유는 삶에 대한 통제감 때문이다. 우리는 평소 잘 의식하지 못하지만, 사실 통제감은 심리적 안정감과 만족감의 핵심 요인이다. 과거 군대 시절의 기억을 한 번 떠올려보기 바란다. 육체적인 훈련도 괴롭고 힘들지만, 그때 남자들을 가장 힘들게 만드는 것은 통제감의 완벽한 상실이다. 어느 것 하나 내 마음대로 선택하고 결정할 수 없는 상황, 나의 육체이고 나의 정신이지만 아무것도 내 것이 아닌 그 상황이야말로 스무 살의 남자들에게 가장 고통스러운 경험이다.

이런 통제감에 대한 욕구는 중년이 된 이후에도 전혀 달라지지 않는다. 통제감은 성공적인 노화에서 가장 중요한 결정요인이라는 연구도 있을 만큼 중년기 이후 삶에서 중요한 심리적 요인이다. 그 이유는 통제감이란 어떤 결과가 다른 사람 때문이 아니라 자기 자신의 행동에 달려 있다는 신념이기 때문이다. 또한 이런 통제감은 원하는 결과를 만들어낼 수 있다는 자신의 능력에 대한 믿음과도 관련되기 때문이다.

하버드대학교의 심리학 교수인 엘런 랭어Ellen Langer와 주디스 로딘Judith Rodin이 요양원의 노인들을 대상으로 한 연구를 진행했다. 이들 연구자들은 한 집단의 노인들에게는 스스로 자기 방의 화초를 가꾸게 했고 다른 집단에는 요양원 종사자들이 노인들 대신 화초를 가꾸도록 했다. 그 결과는 매우 놀라웠는데, 3주가 지나자 화초를 직접 돌본 노인들은 스스로 뭔가를 해낼 수 있다는 느낌을 갖게 됐고, 행복도, 건강상태, 활동성 평가에서 10~50퍼센트 정도 향상된 점수를 받았다.

이처럼 통제감은 해야 할 일과 하지 말아야 할 일들을 구분하기도 하고, 나의 시간과 에너지를 어디에 집중해야 하는지 결정하기도 하면서 원하는 결과를 이끌어내는 과정에서 생겨난다. 그리고 이런 과정에서 일이나 외부의 사건을 자신이 스스로 통제할 수 있다고 믿는 것 자체가 주관적 행복감을 느끼게 한다. 이런 관점에서 가능한 자기는 미래의 자기 모습에 대한 희망과 기대감을 높이고, 이는 목표를 이룰 수 있다는 통제감을 극대화시키는 요인이 된다.

물론 삶이 항상 우리의 기대와 일치하지는 않는다. 자신의 노력이나 기대만으로 원하는 결과를 얻을 수 없다는 인생의 진리를 중년 남자들은 너무나도 잘 알고 있다. 그리고 나이를 먹을수록 젊은 시절처럼 삶에 대한 통제력을 계속 유지하는 일이 불가능하다는 것도 안다. 그렇지만 그만큼 기대를 낮추고 목표를 조절하며 적절히 적응해가는 것도 중요하다. 자율성을 유지하고 삶의 만족감을 유지하기 위해, 자신을 위해 적어도 한 가지만이라도 중요한 목표를 선택하고 그것을 추구해보려는 태도가 필요하다.

“아빠, 지금 꿈은 뭐야?”라고 아이가 물어본다면, 당신은 뭐라고 대답하겠는가?

후회하고 싶지 않다면 도전하라

인간이 인생에서 가장 후회하는 어리석은 행동은 기회가 왔을 때 저지르지 않은 행동입니다.

_헬렌 롤랜드, 저널리스트

모든 생명체는 탄생하고 성장하고 성숙기를 맞으며 이후 점차 쇠퇴해간다. 시간의 차이만 있을 뿐 거의 예외 없이 이런 과정을 거친다. 직업의 생애도 마찬가지다. 우리는 직업 세계에 입문한 순간부터 넘어지고 부딪히며 배워 나가다가 점차 일에 익숙해지면 얼마간 성장기를 거친 이후 유지기를 지나 서서히 쇠퇴해간다. 그러나 많은 사람들이 이 사실을 애써 무시하다가 스스로 위기를 자초하기도 한다. 인간은 익숙한 패턴을 반복하고 안정적인 방식을 계속 사용하려는 경향이 강하기 때문이다. 성장기의 곡선을 계속 위로 끌고 가고 싶어 하는 것이다.

하지만 직업의 생애가 가진 속성이 그것을 허락하지 않는다. 특정 시점을 지나면 반드시 쇠퇴할 수밖에 없다. 자기 자신도 변하고, 시대 상황과 과제도 변한다. 더구나 요즘은 시대 상황과 과제가 모두 복잡해졌다. 세상이 바뀌는 속도도 빨라지고 기술 변화가 가속화되면서 변화의 주기도 짧아졌다. 따라서 직업의 생애 곡선을 계속 우상향으로 끌고 가려면 새로운 곡선을 만들어야 한다.

새로운 '직업 곡선'을 만들어야 할 때는 언제인가

성공을 향한 S곡선S-Curve은 컨설팅 기업 액센츄어가 세계적으로 성공한 기업들의 공통점을 뽑아 만든 개념이다. 액센츄어의 피에르 낭텀Pierre Nanterme CEO는 "어느 기업이든 한 차례 성공만으로는 안 된다. 새로운 S곡선으로 갈아타지 못하면 그 기업은 죽는다."라고 말했다. 그런데 이런 S곡선이 과연 기업에만 적용되는 개념일까? 개인에게 적용되지 않을까?

새로운 곡선은 이전 경력의 어느 시점에든지 시작할 수 있다. 하지만 적어도 쇠퇴로 들어서기 이전에 시작하는 것이 좋다. 왜냐

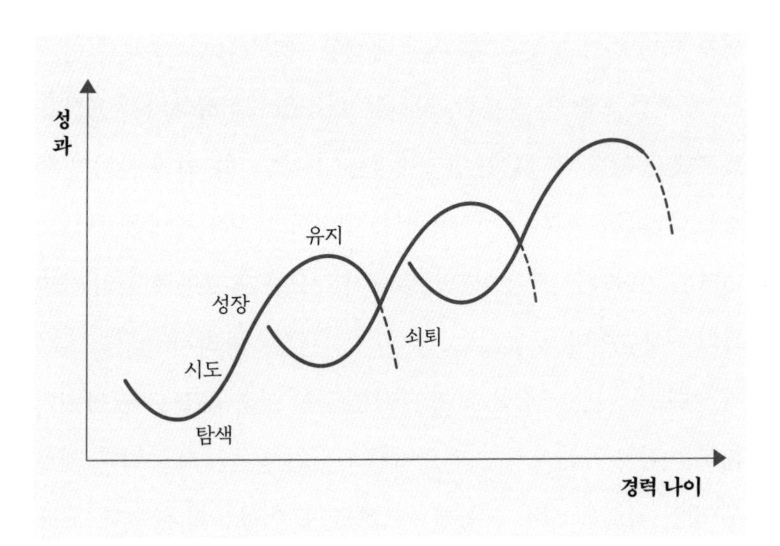

하면 경력 곡선이 쇠퇴하기 시작했다는 말은 인지적, 신체적으로 자신의 경쟁력이 그만큼 약화됐다는 의미일 뿐만 아니라 그만큼 새로운 곡선에서의 성공 가능성도 낮아졌다는 의미이기 때문이다.

그럼에도 자신이 누리고 있는 당장의 안정감을 스스로 내려놓고 새로운 직업 곡선을 찾아 나서는 일은 생각보다 쉽지 않다. 나의 경력이 쇠퇴기에 다가왔음을 경험적으로 알아채는 시점이 되어서도 오히려 남자들은 입 안에 든 사탕이 달아날까 봐 입을 꽉 다문다. 어떤 맛이 날지 모르는 사탕을 먹기 위해서 지금 입 안에 든 달콤한 사탕을 뱉을 수 없기 때문이다. 그런 시간을 보내다 결국 벼락을 맞고 조직의 중심에서 밀려나거나 퇴출당한다. 직장생활 30년 중에 10년을 CEO로 재직한 사람도 퇴직 통보를 받았을 때 세상을 다 잃은 듯한, '사회적 죽음'을 경험했다며 우울함을 토로했다. 평범한 직장인 입장에서는 그 정도 했으면 충분히 만족스럽지 않을까 싶지만 정작 본인은 여전히 아쉬움이 많은 것이다. 내려오기 적당한 때란 어쩌면 없을지도 모른다. 모든 인간의 자연스러운 모습이다.

새로운 직업 곡선을 찾아 나서는 일이 어려운 또 다른 이유는 새로운 직업 곡선이 주는 혼란기를 견디기 힘들기 때문이다. 새로운 직업 곡선은 시작과 함께 우상향으로 이동하지 않는다. 도표

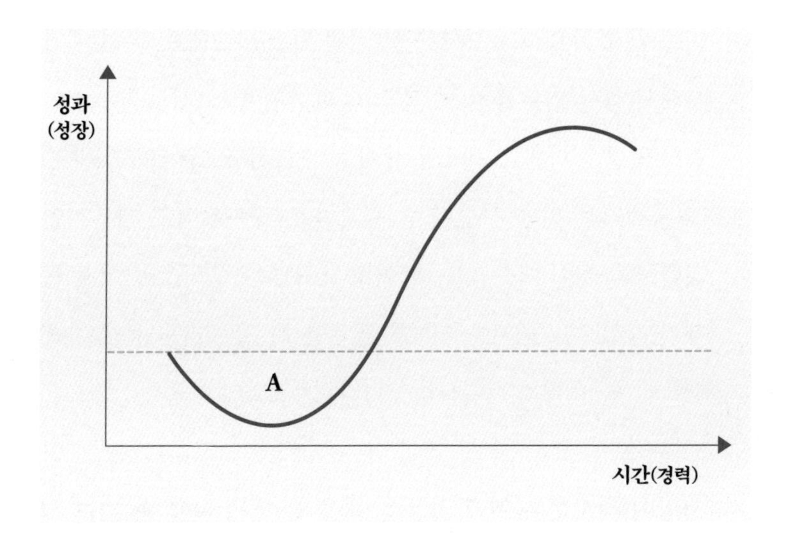

에서 보듯 거의 대부분은 A 지점처럼 하락기를 거친 후 올라간다. 다시 말해 새로운 곡선으로 이동하면 이전 경력에서 누리던 편안함과 안락함을 버리고, 다시 에너지를 쏟고 위기를 버텨낸 후 새로운 결과가 나올 때까지 인내심을 가지고 긴 시간을 견뎌야만 하는 것이다. 중년에 이런 선택을 하기가 쉬울까? 당연히 쉽지 않다. 안락함과 안정감을 버리고 불확실한 세계에 뛰어드는 건 인간의 기본적인 속성상 어려운 선택이다.

"자기 혼자 두 발로 선다는 게 굉장히 어려운 일이죠. 퇴사한 친구들도 다 비슷한 코스를 밟고 있어요. 그게 보통 4~5년 걸리는 거 같아요. 7~8년 걸리는 사람도 있고 그래요. 우리가 입사해서 회사 업무를 어느 정도 알 때까지 4~5년 걸리듯이 이것도 똑같은 거예요. 새로운 세계는 다 그런 것 같아요."

"익숙해지는 데는 시간이 좀 필요하죠. 구체적이고 세부적인 것을 속속들이 아는 데는 적어도 3~4년은 걸리고요. 어떤 문제가 생겼으면, 이거는 어떻게 해결을 하고, 어려운 문제가 생겼으면 '아, 이렇게 해결하는구나' 하는 것까지 아는데…"

사람이 새로운 세계에 적응을 해야 할 때는 어쩔 수 없는 시간, 즉 전환transition의 과정을 필요로 한다. 새로운 곡선에 적응하고 새로운 삶의 패턴을 만드는 데에는 개인에 따라 차이가 있지만 적어도 3~4년, 많으면 7~8년이라는 물리적인 시간이 필요하다. 따라서 새로운 경력 곡선을 만드는 과정에는 그 기간이 반드시 내게 찾아오리라는 것, 그 기간을 견뎌내야 결실을 맺을 수 있다는 사실을 기억하고 있어야 한다. 그리고 조급함에 맞서 용기와 인내를 가지고 전환의 과정을 거쳐야 한다는 점을 받아들여야 한다.

우리는 무엇을 후회하는가

우리는 살면서 여러 가지 후회를 짊어지고 살아간다. '그때 그 주식을 샀더라면', '그때 그 아파트를 샀더라면'처럼 돈에 대한 아쉬움도 있고 '그때 아이와 시간을 더 보냈더라면', '그때 그 사람과 결혼했더라면'과 같은 사랑, 자녀 등에 대한 아쉬움도 있다. 사람이라면 누구나 과거를 돌아봤을 때 '다르게 살았더라면 어땠을까' 하는 생각이 드는 여러 장면들이 있기 마련이다.

만약 타임머신이 있어서 시간을 거슬러 인생의 어느 시점으로 돌아갈 수 있다면 어떻게 하고 싶은가? 과거에 저질렀던 실수도 바로잡고, 돈 벌 수 있는 기회도 놓치지 않고, 어쩌면 첫사랑과도 그렇게 헤어지지도 않았을 텐데, 한 번만 기회가 주어진다면 인생이 달라지지 않았을까 하는 상상을 하지 않는가? 이런 질문에 많은 사람들이 '그렇다'고 대답한다.

사실 후회는 과거에 다른 결정을 했더라면 현재의 상황이 더 나았을 것이라는 상상과 이런 비교 때문에 생기는 '자기 비난 감정'이다. 그래서 어떤 종류이건 후회는 쉽게 사라지지 않는 고통스러운 경험을 안겨준다. 실수나 잘못된 결정에 대해 자책하기도 하고 잃어버린 기회에 대한 아쉬움이 생겨나기도 한다.

간혹 '후회 없는 삶'을 주장하는 사람들을 만나기도 하지만 따지고 보면 그건 조금 과장된 표현이다. 실수가 없고 후회가 없는 삶을 살기란 불가능에 가깝다. 대부분의 사람들은 '큰 부자가 되고 싶다', '큰 기업을 이루고 싶다', '꿈처럼 행복한 가정을 이루고 싶다'처럼 어느 정도는 이상적인 삶을 꿈꾸기 때문이다. 또 시간이 흘러 되돌아보면 일부는 현명하지 못한 행동이었다는 사실을 알게 되기도 하고, 이런 행동 중 어떤 것은 피할 수 있었다는 깨달음도 생기지만 그건 결과적으로 그렇다는 얘기다. 산다는 것은 적어도 약간의 후회를 쌓는 일이라고 할 수 있다.

그래서 심리학자들은 사람들이 도대체 무엇을 가장 후회하는지에 대한 많은 연구를 진행했다. 그중에서 심리학자 닐 로즈Neal Roese와 에이미 서머빌Amy Summerville 교수가 진행한 연구에 따르면 사람들이 삶에서 가장 많이 후회하는 부분은 교육, 직업 경력, 로맨스에 대한 것이었다. 우리나라에서도 성인을 대상으로 동일한 조사를 했더니 서구와 비슷한 결과를 얻었는데, 모든 연령대에서 가장 후회가 되는 것은 남녀를 불문하고 '공부 좀 할걸'이었다.

데니스 베이크Denise Beike와 키이스 마크맨Keith Markman과 같은 심리학자들은 이런 종류의 후회가 발생하는 이유를 '잃어버린 기회' 때문이라고 설명한다. 사람들은 과거에는 무언가 상황을 변화시킬 수 있는 또는 지금의 결과를 바꿀 기회가 있었지만 이제는 그런 기회가 주어지지 않는다고 생각할 때 가장 크게 후회한다는

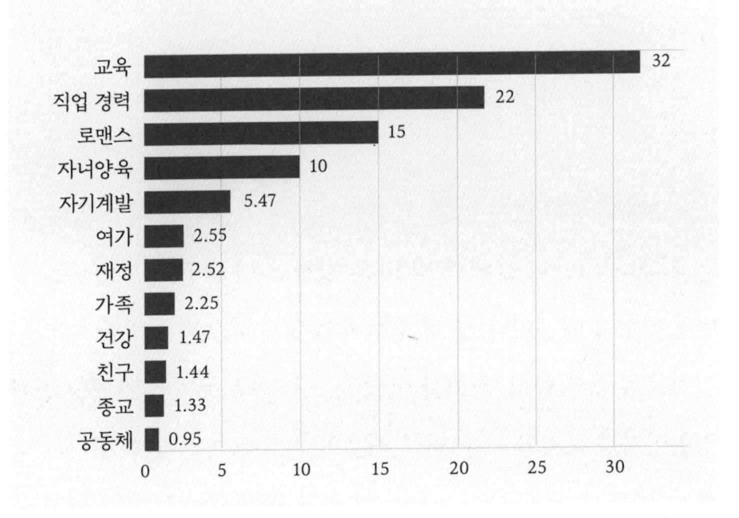

것이다. 그래서 '공부 좀 할걸'을 가장 많이 후회한다. 사람들은 교육 수준이 직업을 선택하고 인생의 진로를 결정하는 데 중요한 도구가 된다고 생각한다. 또 교육을 많이 받고 높은 학위를 가지고 있으면 돈을 더 많이 벌었으리라고 생각한다. 돈은 결혼생활이나 자녀 뒷바라지와도 관련된 매우 중요한 이슈다. 그래서 만약 내가 과거에 공부를 열심히 했다면, 교육을 더 많이 받았다면 인생의 나머지 여러 문제들이 자연스럽게 해결됐으리라고 기대하는 것이다. 이런 이유로 공부를 열심히 혹은 더 하지 않은 것을 인생에서 가장 크게 후회되는 일로 꼽는다.

너무 고민하지 말고 일단 시작하라

그래도 후회 없는 삶을 꿈꾸는 것에는 중요한 의미가 있다. 이런 기대나 희망이 삶에서 더 나은 결정과 더 좋은 행동을 하도록 만들어주기 때문이다. 또 후회는 우리에게 배우고 성장할 수 있는 기회를 주기도 한다. 심리학자 닐 로즈는 후회는 고통스러운 감정 경험이기는 하지만 그로 인해 배움의 기회를 마련할 수 있다고 말했다. 예를 들어 구입한 물건이 마음에 들지 않았을 때 우리는 자연스럽게 물건 자체와 구매 과정을 돌아보게 되고, 그 과정에서 실수가 있었다면 그런 실수를 반복하지 않으려고 다음번 구매 과정에서는 이를 수정한다. 또 내가 했던 말과 행동에서 실수가 있었다면, 그에 대해서도 돌아보면서 같은 일을 반복하지 않기 위해 말과 행동을 바꾸려 한다.

인생의 현자들은 하나같이 살면서 실수를 하거나 잘못된 결정을 내렸다 하더라도 자신을 너무 탓하지는 말라고 조언한다. 후회는 실수를 통해 무언가 배우고, 그 배움을 통해 실수를 반복하지 않을 때에야 비로소 의미가 생긴다. 또 잃어버린 기회에 대한 후회는 현재 상황에서 다른 기회를 놓치지 않도록 더 주의를 기울이게 하는 동기부여가 된다. 이런 이유 때문에 중년 남자들에게는 중년의 삶을 전체적으로 재검토해보고 삶의 자세나 태도를 바꾸는 일이 필요하다. 그래야 정신적, 육체적으로 더 건강하고 행복하게 사는 준비를 할 수 있다. 이 혼란기를 견뎌내려면 스스로 주위를 둘러보며 '나보다 5~10년 정도 나이가 더 많은 사람 중에서 중년 이후의 삶을 새롭게 구성한 사람, 그래서 나에게 모범이 될 수 있는 사람은 누구인가' 하는 질문의 답을 찾아봐야 한다. 그 사람을 보며 앞으로 나아갈 힌트를 얻을 수 있다.

"그때는 내가 앞만 보고 달렸지. 너무 의욕이 앞섰던 것 같아. 그런데 어쩌겠어, 이미 벌어진 일인걸. 진짜 힘든 일이지만 그냥 받아들이고 다시 달려봐야지."

의욕적으로 신사업을 추진하다 좌초되고, 이어서 회사에서도 밀려나게 된 어느 임원의 이야기다. 아프고 힘든 일이지만 한 번의 실수나 잘못된 결정으로 너무 오래 후회를 짊어지고 있을 필요는 없다. 인간은 합리화라는 놀라운 능력을 가지고 있다. 그러니 기회를 놓쳤다고 후회하지 않으려면 다시 시도해보시라. 어마어마한 도전이 아니어도 괜찮다. 운동 시작하기, 새로운 언어나 기술 배우기, 악기 연주나 그림 그리기 등 무엇이든 상관없다. 배움에 대한 호기심 그리고 새로운 도전을 시도할 에너지만 유지하면 된다. 그 과정에서 열정이 생기고, 열정이 지속되면 기회는 언젠가 찾아온다. 기억하자. 우리는 아직 인생의 절반밖에 살지 않았다.

인생은 중요한 기로에서 내린 선택들로 이루어진다

목적지가 없는 사공에게는 어떤 바람도 순풍이 아니다.

_미셸 드 몽테뉴, 철학자

기업에서 리더십 관련 워크숍을 진행할 때 중년 직장인들에게 "회사의 사명mission이나 핵심가치value를 알고 계신가요?"라고 질문하면 상당수의 참가자들이 '그렇다'고 대답한다. 그러나 뒤이어 "개인적인 사명이나 삶의 가치를 정리해놓으셨나요?"라고 질문하면 대부분의 참가자들이 당황스러운 눈빛으로 침묵을 지킨다. 일부는 흘끗흘끗 다른 참가자의 반응을 살피며 손을 들까 말까 망설이기도 한다. 아니라고 대답하자니 너무 생각 없이 살아온 것 같고, 그렇다고 없는 걸 있다고 대답할 수도 없기 때문이다.

물론 이들이 결코 생각 없이 살아온 것은 아니다. 인생을 대충 산 것은 더더욱 아니다. 한국 사회의 중년들에게 이런 질문이 당황스러운 이유는 누구보다 열심히 치열하게 살았지만 그 과정에서 너무 앞만 보고 달렸기 때문이다. 하루하루 너무 바쁘게 살다 보니 자신을 돌아볼 여유가 없었던 것이다. 또 우리 사회가 자신에게 그런 질문을 던지도록 허용하는 분위기도 아니었다. 어떻게 하면 남들보다 더 빨리 올라가고, 더 많이 가질 수 있는가가 가장 중요한 문제였기에 그런 생각을 한다는 것 자체가 낯설었다.

또 집단주의적 가치에 맞춰 성장한 대부분의 한국 사회 중년들은 내가 주도하는 삶보다는 남의 눈치를 보느라 바빴다. 관계를 중시했고, 체면이 중요했고 남들에게 어떻게 보여지느냐가 중요한 삶 속에서 한국의 중년들은 자기 가치에 따라 살아가기가 쉽지 않았다. 자기 삶의 기준에 대해 진지하게 고민해본 적이 별로 없었다. 그래서 그것이 무엇인지 잘 모른다. 없는 것이 아니라 잘 모르는 것이다.

내 안에 숨어 있던 개인 가치 탐색하기

'개인 가치'는 자기 자신을 포함하여 어떤 대상에 대한 평가나 판단을 할 때 가지는 근본적 태도나 관점을 말한다. 즉, 옳은 것, 바람직한 것, 해야 할 것 또는 하지 말아야 할 것 등에 대해 개인이 가진 기준이다. 그래서 개인 가치는 자신이 살아갈 방향을 설정하고 중요한 선택의 기로에서 판단의 기준이 되는 나침반의 역할을 한다. 삶에서 중요하게 내려야 할 선택이 많고, 인생 이야기를 통해 스스로를 규정해야 하는 중년 남자들은 자신의 개인 가치를 탐색하고 확인하는 시간을 가져야 한다. 이것이 분명하지 않으면 상황에 끊임없이 휘둘릴 수밖에 없다. 자연히 삶의 안정감이나 만족감도 느끼기 어렵다. 개인 가치를 탐색해보고 싶다면 다음

개인 가치의 예시

감사, 겸손, 공헌, 권력, 나눔, 도전, 부유함, 배려,
사랑, 성공, 성실, 성장, 성취감, 신앙, 안정, 열정,
우정, 자유, 정직, 존경, 지혜, 책임, 학습, 헌신

▶ 멋있고 좋은 다양한 단어들을 추가한 후, 아래에서 설명한 개인 가치를 탐색하는 방법에 따라 자신의 삶에서 작동하고 있는 가치들을 발견하면 된다.

의 몇 가지 예시를 참고로 하여 자신의 삶에 응용해보도록 하자.

첫째, 자기 삶의 역사를 돌아봐야 한다. 앞서 자신이 작성했던 삶의 이야기들, 삶의 중요한 선택과 그 결과에 대한 의미들을 살펴봐야 한다. 중년이 되어 삶의 기준이나 가치를 일부러 만들어내는 것이 아니라 자신의 삶 속에서 조용히 그러나 강력하게 작동하고 있었던 그것을 발견해야 한다. 이런 과정은 자신의 삶을 연구하는 고고학이라고도 할 수 있다. 오랫동안 땅속에 묻혀 있던 것을 밖으로 끄집어내는 작업이 필요하다. 중요한 선택의 기로에서 나는 무엇을, 왜 선택했는지 되짚어보면 자기만의 특성이 보인다.

"사람마다 자기만의 과제가 있고, 그 과제를 추진해야 하는 구체적인 상황도 사람마다 제각각 다르게 찾아온다. 삶에서 마주

치게 되는 모든 상황들은 각각이 그 사람에게는 하나의 도전이며, 그가 풀어야 할 하나의 문제다. 그러므로 삶의 의미에 대한 질문은 거꾸로 뒤집어 생각해야 한다. 무슨 말인가 하면, 내 삶의 의미는 무엇인가 하고 물을 것이 아니라 질문을 받는 쪽이 바로 '자기 자신'이라는 사실을 깨달아야 한다. 정말로 중요한 것은 '우리가 삶에서 무엇을 기대하고 있느냐'가 아니라 '삶이 우리에게 무엇을 기대하고 있느냐' 하는 점이다. 이 사실을 깊이 깨달아야 하고, 그걸 모르는 사람들에게는 이를 깨우쳐 주어야 한다. 삶의 의미가 무엇인가에 대한 질문을 던지던 지금까지의 자세에서 벗어나 오히려 우리 자신을 매일같이, 아니 매시간 '삶으로부터 질문을 받는 존재'로 인식해야 한다. 삶이 던지는 질문 앞에서 우리는 고민이나 말장난이 아니라 행동으로 답해야 한다. 삶이 요구하는 것은 올바른 행동이기 때문이다. 모든 사람은 삶으로부터 질문을 받고 있고, 그 질문에 대해서는 오로지 책임 있는 행동으로만 대답할 수 있다."

빈 의과대학교 신경정신과 교수였던 빅터 프랭클Viktor Frankl 교수의 자전적 체험수기인 《죽음의 수용소에서》에 나오는 내용이다. 지금까지 나는 삶으로부터 어떤 질문을 받아왔는지 그리고 그 질문에 어떤 답을 해왔는지 돌이켜보면 그 안에 숨겨진 삶의 가치들을 발견할 수 있다. 배우자와 결혼을 결심하고, 직장을 선택하고, 이직을 결정하는 것처럼 또는 중년이 되어 새로운 배움을 결심하거나 불확실한 세계에 뛰어드는 선택을 하는 것처럼 삶의 중요한 선택에서 무엇을 골랐는지 되돌아보면 그 안에서 당신의 개인 가치를 발견할 수 있다.

〔개인 가치 탐색을 위한 질문〕

- 당신의 삶에서 결정적인 전환점이 된 사건은 언제 일어난 무엇이었는가?
- 이제껏 살아오면서 당신에게 가장 중요하고 의미심장한 사건은 무엇이었는가?
- 왜 그 사건을 선택했는가? 왜 그것이 그토록 중요하다고 느꼈는가?
- 그 선택의 기로에서 당신은 어떤 선택을 했는가?
- 그런 경험들이 현재 당신이 되는 데 어떤 영향을 미쳤는가?

둘째, 살아 있음을 느꼈던 경험을 떠올려보자. 최선을 다했던 일, 아낌없이 시간과 에너지를 쏟았던 일, 내가 좋아하고 신명났던 일이 분명히 있을 것이다. 그것이 꼭 행복한 결말로 이어지지 않았더라도, 비록 실패의 경험으로 마무리되었더라도 그 경험의 과정과 결말 속에는 여러 선택과 판단이 있었을 것이다. 그 기준이 무엇이었는지 되돌아보라.

셋째, 삶에서 자신이 중요하게 여기는 것들을 적어보자. 가족이나 친구처럼 어떤 특정 대상일 수도 있고, 열정이나 도전처럼 추상적인 단어들도 상관없다. 희미하고 모호한 느낌이 들 수도 있지만 분명히 자신의 삶에서 중요하다고 생각하는 대상이나 개념들이 몇 가지 있을 것이다.

넷째, 내가 삶에서 정말 원하는 것이 무엇인지도 적어보자. 먼저 빈 종이의 가운데에 선을 긋고, 왼쪽에는 아래의 질문에 대한 답을 적고, 오른쪽에는 그 대답에서 알 수 있는 가치들을 적는다.

- 내가 성취하고 싶은 것은 무엇인가?
- 내 삶 또는 커리어에서 이루고자 하는 것은 무엇인가?
- 내가 갖고 싶은 것들은 무엇인가?
- 내가 해보고 싶은 일들은 무엇인가?
- 나는 어떻게 시간을 보내고 싶은가?
- 나의 목표, 포부는 어떤 것들이 있는가?

만약 내가 무엇을 원하는지 잘 떠오르지 않는다면 내가 어떤 사람을 동경하거나 부러워하는지 한번 생각해보자. 그런 동경이나 부러움은 곧 내가 무엇을 원하는지를 반영해주는 거울 역할을 한다. 존경하는 사람, 누군가의 성취나 업적 또는 능력이 부럽다면 그것들을 적어보면 된다.

삶의 방향이자 나침반을 찾는 일

자신의 개인 가치를 정리할 때 꼭 기억해야 할 사실이 있다. 첫째, 가치는 목표가 아니라는 점이다. 가치는 종착점이 아니다. 가치는 삶의 여정을 인도할 방향이자 나침반의 방위다. 이에 비해 목표는 그 방향으로 이끌어줄 수 있는 지도이지만 구체적으로 달성 가능한 사건, 상황 혹은 대상이 있다. 예를 들어 말하면 동쪽은 방향이고 강릉으로 가자, 속초로 가자는 것이 목표인 셈이다. 목표는 끝이 있고 완수할 수 있으며 소유할 수 있다. 그런 점에서 목표는 방향과 다르다.

둘째, 가치의 길은 늘 일직선이 아니다. 각자가 가진 내면의 가치는 오랜 세월이 흐르고 나서야 분명하게 그 길을 드러낸다. 그리고 우리 모두는 인간이기에 그 길은 똑바르지 않다. 시간이 지나면서 중요하다고 생각하는 가치나 그것들의 우선순위는 자연스럽게 바뀔 수 있다. 사람은 경험하고, 배우고, 성장하고 또 변화하는 존재이기에 가치관이 변하는 것 또한 당연하다.

셋째, 가치는 미래에만 존재하지 않는다. 가치는 언뜻 보면 미래에 대한 것처럼 보이지만 실은 현재에 대한 것이다. 우리 모두는 각자의 가치에 따른 삶을 살고 있음을 꼭 기억해야 한다.

인생에서 개인 가치가 중요한 이유는 삶의 방향이자 나침반의 역할을 하기 때문이다. 그래서 일상의 삶에서도 중요한 역할을 하지만 상황이 복잡하고 혼란스러울수록 그 중요성이 더욱 커진다. 개인 가치는 혼란과 혼동 속에서 삶의 중심을 잡아줄 수 있는 중심축이자 삶의 방향을 가리키는 이정표가 되기 때문이다.

그런 의미에서 중년 남자들은 자신의 개인 가치도 중요하지만 배우자가 어떤 삶의 가치를 가지고 있는지 또한 탐색해봐야 한다. 어렵고 중요한 상황에서 서로 어떤 기준으로 선택하는지 의식하고, 공유하고, 이해하는 일은 중년기 이후 결혼생활을 훨씬 안정적으로 만들어준다. 두 아이를 키우는 가장이 40대 중반에 돈벌이를 제쳐두고 박사 과정에 진학하는 결정이나, 좋은 취업 자리를 마다하고 학업을 이어나가겠다는 결정을 어디 감히 중년 남자 혼자서 할 수 있겠는가? 부부가 서로의 삶의 가치를 공유하고 이해하지 않으면 이런 선택은 불가능했을 것이다.

조금 낯설고 쑥스럽겠지만 어느 호젓한 시간에 아내와 삶의 방향과 기준에 대해 함께 이야기를 나눠보면 어떨까?

Chapter 4.

오십의 파도를 현명하게 헤쳐 나가자

취미로만 살기엔 남은 인생이 너무 길다

바쁨은 자신의 유능함을 나타내는 신호다.

_크리스토퍼 시, 시카고대학교 심리학 교수

“지금 당장 그만두고 소비를 줄이고, 욕심을 안 가지고 살면 얼마든지 행복하게 살 수 있겠다는 생각이 들거든요. 그래서 나는 예순 넘어서 무슨 직장을 갖고 싶다, 돈벌이를 하고 싶다는 생각은 해본 적이 없어요. 60살까지도 가기 싫고 지금 생각 같아서는 그냥 50대 중반쯤 임금피크에 들어갈 때까지만 일하고 나머지는 시골에 가서 그냥 소소하게 살고 싶어요. 그게 훨씬 더 행복할 것 같은데.”

요즘 은퇴가 기다려진다는 중년 남자의 이야기다. 25년에서 30년 동안 열심히 직장생활을 했으니 이제는 어느 정도 휴식이 필요하기는 하다. 그래서 예정된 일 따위는 없는, 따로 정해놓고 해야 할 것이 없는 자유로움, 그것이야말로 나이 든 사람들의 특권이며 나이듦의 매력이라고 생각할 수도 있다.

모든 직장인의 꿈은 백수, 모든 백수의 꿈은 직장인

심리학자들의 연구를 보면 사람들의 기분에 영향을 미치는 여러 요인들이 있다. 우리는 잘 인식하지 못하지만 그중 가장 대표적인 것이 날씨다. 사람에 따라 정도의 차이가 있지만 날씨가 흐린 날에는 대체로 기분이 좋지 않고 우울해지기 쉽다. 비가 오거나 날씨가 우중충한 날에는 뇌에서 분비되는 신경전달물질의 패턴이 변화하기 때문에 무기력, 피곤, 짜증 등의 감정을 쉽게 느끼는 것이다. 반면 아침 날씨가 좋을수록 사람들은 더 많은 에너지를 느꼈고 자신의 업무에 만족했다.

사람들의 기분에 영향을 미치는 또 다른 대표적인 요인은 요일이다. 사람들에게 일주일 중 가장 싫어하는 요일을 물어보면 열에 아홉은 월요일이라고 대답한다. 반면에 가장 기분 좋은 요일을 물어보면 금요일이라고 대답한다. 월요일부터 목요일까지 낮게 유지되던 즐거움이나 행복이 금요일을 기점으로 상승해서 토요일과 일요일에 정점을 찍는다. 이건 전 세계에서 공통적으로 일어나는 현상이다.

이렇게나 많은 사람들이 월요일을 싫어하는 가장 큰 이유는 이틀간의 자유와 즐거움 이후에 찾아오는 대비 효과 때문이다. 주말에는 자신에게 주어지는 자유가 많다. 일어나는 시간, 밥 먹는 시간도 대체로 마음대로 정할 수 있다. 또 빈둥빈둥 쉴 수도 있고, 쇼핑을 하거나 운동을 할 수도 있다. 물론 가족 구성원으로서 의무와 역할 때문에 전적으로 나를 위해서만 시간을 보낼 수는 없지만, 그래도 다른 요일에 비해서는 상당한 선택권이 주어진다.

그런데 월요일에는 상황이 달라진다. 월요일이 되면, 대부분의 사람들은 다시 압박감 가득한 일터로 돌아가야 한다. 또 정해진 시간의 규칙을 따라야 하기 때문에 선택권을 빼앗긴다고 느낀다. 심리적으로 선택의 자유와 편안한 여가를 누리다가 규칙과 의무감이 가득한 일터로 돌아가는 건 기분 좋은 일이 아니다. 내가 아닌 다른 사람이 내가 언제 무엇을 해야 하는지 결정하고 있다는 생각 때문에 통제력을 상실했다고 느낀다. 이런 엄청난 감정 변화가 월요일을 더 힘들게 만든다.

여러 연구들을 종합해보면 퇴직한 중년 남자들도 똑같이 주말을 기다린다. 이들 남자들도 주중에 낮은 행복감을 느끼다가 금요일 오후부터 압박감으로부터 조금씩 벗어나서 토요일과 일요일에는 가장 마음이 편해진다. 그리고 일요일 밤이나 월요일 아침이 되면 다시 스트레스를 경험한다. 직장인들이 주말에 기분이 좋아지는 건 어찌 보면 당연하다. 그런데 갈 곳 없는 실직한 중년 남자들이 주말이면 기분이 좋아지는 이유는 대체 무엇일까? 안타깝게도 이들의 기분이 달라지는 이유는 직장인들과는 전혀 다르다.

"운동하러 가는데 남자는 거의 없어요, 제가 수영을 배우려고 문화센터에 알아봤더니 평일 낮에는 남자들 시간이 없는 거예요. 새벽 시간하고 밤 시간밖에 없어요. 그런 것들을 볼 때 '아! 내가 지금 보통 사람들과 다른 삶을 살고 있구나' 하고 다시금 실감하게 돼요."

월요일 아침에 이들이 느끼는 스트레스는 아무 역할 없이 한 주를 보내야 한다는 공허함과 상실감, 근 30여 년간 자신이 살아온 삶과는 전혀 다른 방식으로 살아야 한다는 낯섦, 그리고 사회로부터 소외된 느낌으로 살아야 한다는 것에 대한 열패감이다. 그도 그럴 것이 대부분의 중년 남자들에게 일, 즉 직장은 단순한 생계수단 이상의 의미를 지니기 때문이다. 이들에게 직장은 역할과 책임을 통해 성과를 만들어내고 자부심과 성취감을 얻는 수단이요, 타인과 유대감을 형성하는 도구였다. 또한 정체성의 핵심 요소이기도 했다.

실직한 남자들은 이 모든 것을 빼앗긴 채 일터에서 모두가 분주하게 움직이는 평일이면 넓고 삭막한 세상에 덩그러니 혼자 버려진 것 같은 불편한 마음으로 자유 시간을 보낸다. 그러다 모두가 여유롭게 쉬는 주말이 됐을 때에야 아무 할 일 없는 본인의 신세도 덜 처량하고 덜 한심하게 느껴지는 것이다. 이른바 다른 이들과의 동질감을 느끼게 되면서 마음이 좀 편안해진다.

사람은 놀고 있으면 울적해지며 바쁠수록 행복해진다

시간은 희소하고 제한된 자원이다. 그래서 사람들은 '놀고먹는' 상태를 피하고 싶어 한다. 물론 가끔씩 게으름을 피울 수는 있겠지만 놀고먹는 상태는 권태와 불안을 불러일으키고, 이런 상태가 장기간 계속되면 심리적·신체적으로도 해롭다. 그래서 멍하게 시간을 흘려보내야 하는 실직한 중년 남자들은 자존감이 낮아지고 우울함을 느낀다.

반면 바쁨은 심리적으로 많은 이점을 준다. 바쁘다는 것은 내가 관여하고 챙겨야 할 것도 많고, 그만큼 나를 찾는 사람도 많다는 뜻이다. 바쁘다는 것은 자기 자신이 유능하고 중요한 인물이라는 신호일 수 있다. 또 '내가 제일 잘나간다'는 우월감을 느끼게 하기도 한다. 현대인들에게 바쁨은 우월한 사회적 지위와 유능함을 드러내는 도구인 셈이다. 그래서 대부분의 사람들은 적당한 수준의 바쁨을 즐긴다.

물론 무작정 바쁜 것이 좋다는 의미는 아니다. 아무 목적 없이 바쁜 상황은 단지 시간을 때우기에 불과하기 때문에 바쁨에도 이유나 목적이 분명히 있어야 한다. 시카고대학교 심리학과 교수인 크리스토퍼 시Christopher Hsee는 실험을 통해 이 사실을 입증했다. 시 교수는 사람들에게 바쁜 상황과 놀고먹을 수 있는 상황을 선택할 수 있게 했는데, 바빠야 할 이유나 목적이 없는 경우 사람들은 놀고먹는 상황을 선택하지만 허울뿐이라도 어떤 이유나 목적이 주어지면 바쁜 상황을 선택했다. 연구팀은 실험을 통해 사람들은 할 일 없이 한가할 때보다 바쁠 때 더 행복하고, 심지어 그것이 강요된 바쁨이더라도 마찬가지라는 사실을 보여주었다.

우리는 인생에서 단순히 여유로운 시간을 필요로 하는 것이 아니다. 삶이 풍요롭고 만족스러워지려면 목적이 있고 의미가 있는 바쁨이 필요하다. 시 교수는 "사람들은 아무 할 일이 없는 놀고먹는 상태를 피하기 위해 열심히 일한다. 그리고 아무리 바쁘더라도, 어떤 목적을 위해 시간이 사용되는 한, 또 조금이라도 그것을 정당화할 수 있는 한, 행복은 만들어진다."라고 말했다. 그래서 누구나 한 번쯤 '언젠가는 회사 그만두고 실컷 놀아야지' 하고 생각하지만 막상 그 순간이 오면 생각만큼 즐겁지 않을 수 있다.

"역시 사람들하고 부대끼면서 일을 해야 술맛도 나고 골프도 즐겁더라고요."

"한시적이지만 권한이 있으니 저는 그게 더 좋습니다. 이것도 일이라고 바쁘고 스트레스 받긴 하지만 저는 이게 더 좋네요."

1년 이상 실직을 경험한 중년의 남자가 다시 직장을 찾아 출근했다며 필자에게 보내온 문자였다. 그 사람이 워커홀릭이라서 그랬을까? 그렇지 않다. 사는 의미와 목적이 필요했던 것이고, 그저 놀고먹는 것이 싫었던 것이다. 그리고 그 과정에서 느끼는 적절한 긴장감이 필요했던 것이다. 과거 학창시절을 한번 떠올려보라. 이상하게도 시험 기간만 되면 소설책이나 영화가 그렇게나 보고 싶지 않았던가? 책이나 영화를 좋아해서 그랬다기보다 시험이라는 부담과 긴장감이 놀이의 가치를 더 극대화시켜주었기 때문이다. 목적이나 의미가 없으면 긴장감이 없고, 긴장감이 없으면 설렘도 없어진다.

중년과 노년 사이의 공백을 무엇으로 채울 것인가

얼마 전까지만 해도 60대 남자들은 현업에서 '은퇴'해서 특별한 역할 없이 시간을 보냈다. 그리고 그 시간이 지금보다 훨씬 짧았다. 그만큼 기대수명이 짧았기 때문이다. 하지만 지금의 중년은 대부분 여든 살 이상까지 산다. 최소한 중년과 노년 사이에 대략 15년 정도의 새로운 시기가 생겼다.

현재의 중년들은 이제 '은퇴'라는 단어를 잊어야 한다. 전문가들은 은퇴 대신 일과 여가의 비중을 바꿀 것을 권한다. 젊을 때는 일을 더 잘하기 위해 여가를 즐겼다면, 나이 들어서는 여가를 잘 보내기 위해 일을 하는 셈이다. 또 일에서 얻는 만족감이나 즐거움을 목표로 하라고 조언한다. 그런 일을 찾고 계속 그 일을 하는 것은 큰 축복이다.

또한 나이를 먹으며 느끼는 가장 큰 두려움은 자신의 존재 가치를 상실하고 삶에 대한 통제감을 잃어버리는 것이다. 그래서 심리학자들은 나이가 들수록 더더욱 자기계발을 해야 한다고 강조한다. 그러려면 새로운 취미를 갖거나, 흥미로운 무언가를 배우거나, 새로운 사람들을 만나야 한다. 이 과정에서 서로가 가진 지식이나 경험을 공유하면서 자신의 인생 경험을 확장시키고 깊이 있게 만들 수 있다. 또 이런 활동들은 삶에 대한 통제감과 행복 수준을 유지하는 데도 도움이 된다. 다른 사람들과 새로운 관계가 만들어지고, 이를 통해 특정한 목표가 생기면서 삶의 의미를 발견할 수 있기 때문이다.

그렇다면 나이가 들면서 무엇으로 삶의 의미를 찾고, 만족감이나 즐거움을 얻고, 통제감을 유지할 수 있을까? 그리고 그러기 위해 미리 어떤 준비를 어떻게 해야 할까?

퇴직에도 예행연습이 필요하다

도전적 상황에 직면함으로써 우리는 회복탄력성을 키울 수 있다. 그리고 모험에서 오는 스트레스는 당신의 마음을 더 튼튼하게 해주고, 스트레스를 처리할 수 있는 능력을 길러준다.

_타라 파커, 〈뉴욕타임스〉 칼럼니스트

"회사에서 매주 시장 동향 자료를 줬는데요, 그때는 받으면서도 사실 별생각이 없었어요. 무시하고 제대로 열어보지 않은 적도 많고요. 그런데 회사를 나와서 뭐라도 시작해보려니까 그런 자료가 정말 아쉬운 거예요."

식품회사에서 퇴직한 부장님의 하소연이다. 직장인에게 회사가 주는 힘은 상상하는 것 이상으로 크다. 물론 회사를 다니고 있을 때는 회사의 간판이나 조직이 갖는 후광을 실감하기 어렵다. 그러나 조금만 의식하고 찾아보면 생활 곳곳에 영향을 미친다는 사실을 알 수 있다. 예를 들어 은행에서 대출을 받거나 신용카드를 만들 때 소속된 회사가 있는지, 그리고 그 회사의 신용도가 어느 정도인지가 크게 영향을 미친다.

사람들을 만나는 경우에도 마찬가지다. 현직에 있을 때 모임에 나가거나 사람들에게 연락을 취할 때와 퇴직 이후 사람들에게 연락을 취할 때 상대의 반응에 큰 차이가 있다. 인맥을 넓히거나 정보나 자료를 찾을 때도 상황은 비슷하다. 개인 자격으로 만나기 어려운 사람도 회사의 명함을 이용해서 인맥을 넓힐 수 있고, 전문지식이나 노하우가 필요할 때도 회사의 이름을 이용해서 자원들을 공유받고 활용할 수 있다. 그래서 퇴직한 남자들은 회사 안에 있을 때 '최대한 다양한 시도를 하고 인맥도 넓혀라', '무슨 일을 하든지 배움의 자세를 가지라'고 조언한다. 그때 얻어진 경험이나 인간관계가 회사 밖에 나와서 가치를 발휘하게 되며, 틀림없이 미래의 자산이 된다는 점을 경험으로 알기 때문이다.

중년 남자에게 가장 중요한 직장생활의 목표는?

회사에서 살아남기 위해서는 일을 잘해야 하는 것이 기본이다. 그리고 보통의 경우 그런 능력은 경험이 쌓이면서 향상된다. 문제는 중년이 되면서 겪게 되는 매너리즘이다. 개인의 발전도 정체되고, 더 이상 문제해결 능력도 나아지지 않는다. 그래서 중년 남자에게 직장생활의 가장 중요한 목표는 끊임없는 배움이 되어야 한다.

기존에 늘 하던 업무에 대해서도 새로운 방법을 적극적으로 탐색해서 적용해보거나, 새로운 업무를 발굴해서 배움의 기회를 갖고 지식과 경험을 쌓아야 한다. 회사생활이 주는 가장 큰 이점은 어떤 업무를 수행하는 데 필요한 자원을 지원해준다는 점이다. 그러니 새로운 방법이든, 새로운 영역이든 일단 시도하고 경험해보는 것이 좋다. 그 경험은 전부 당신의 자산으로 남는다. 잘 되면 당장 좋은 평가를 받을 수 있고, 설사 결과가 좋지 않더라도 소중한 경험을 쌓을 수 있다. 퇴직하면 이런 기회가 전부 돈이고 리스크다.

만약 지금 매너리즘에 빠져 있고 회사생활이 무기력하다면, 여기에 도움이 되는 마법의 주문이 있다. 한번 마음속으로 읊조려보시라.

"회사는 나에게 일을 주는 고객이다."

사람의 앞날은 모르는 것이고 언제 어디서 무슨 일이 터질지 알지 못하니 자신의 미래는 스스로 준비해둘 필요가 있다. 그리고 그것을 위해 꼭 해야 할 일이 일에 대한 관점을, 회사에 대한 나의 태도를 바꾸는 것이다.

이런 주문이 중요한 이유를 어느 퇴직한 중년 남자가 들려준다. 그는 퇴직 이후 하루도 마음 편히 쉬어 본 적이 없었다고 했다. 주말에 일이 들어오면 더 기쁘기도 했단다. 일이 많으면 몸은 힘들지만 마음은 한없이 기쁘고 편안한 반면, 일이 없으면 몸도 마음도 모두 죽을 맞이었다고 한다. 때로는 일을 하고 싶어도 할 일이 없어서 강제로 쉬어야 했는데, 역할 과부하로는 죽지 않지만 역할 저부하로는 죽을 것 같다고 토로했다. 과거에 회사생활을 할 때 일이 많아 힘든 적도 꽤 많았지만 프리랜서로 일이 없어 힘든 것은 그 몇 배로 더 괴롭다고 했다.

회사에 입사해 첫 월급을 받던 날을 떠올려보시라. 통장에 찍히는 그 돈이 굉장히 신기하게 느껴졌을 것이다. 그 뒤로 몇 달은 매달 같은 날에 들어오는 일정한 금액의 돈이 삶에 기쁨과 안정감을 전해준다. 황홀하고 달콤하기까지 하다. 그러나 이것이 3년, 5년, 20년 지나면 너무나도 당연한 일로 여겨진다. 인간은 '처음'에는 열정적으로 반응하지만 '반복'되면 시들해한다. 달콤함이 지나치면 무기력해지고 무능해질 수 있다.

쉽지 않은 일이지만 지금 내가 회사로부터 일을 수주하는 프리랜서, 혹은 1인 기업가라고 생각하고 업무를 바라보면 지금 나에게 주어진 일을 달리 바라볼 수 있다. 회사가 당신에게 의뢰한 일은 무엇인가? 당신이 그것을 어떻게 해결해주길 원하는가? 그 일을 해결하는 대가로 얼마를 받을 수 있겠는가?

이런 관점으로 일을 생각하면 깊은 고민 없이 관성적으로 해왔던 일을 다른 방식으로, 새로운 관점으로 처리하게 될 것이다. 고객, 즉 상사나 회사가 진짜 해결하고 싶은 문제가 무엇인지에 집중하게 되면 문제를 보는 눈, 문제를 해결해가는 과정에 대한 접근 방식도 달라진다. 또한 고객에게 기대 이상의 결과를 주기 위해 치열하게 고민하고 시도하다 보면 자연스럽게 자신만의 경쟁력도 생긴다. 그러다 보면 주변으로부터 인정받고 자신은 성장한다. 결과적으로 '내'가 잘 되는 셈이다. 퇴직을 위한 가장 좋은 예행연습 중 하나는 지금 있는 곳에서, 지금 하고 있는 일에서 경쟁력을 갖추는 것이다.

그렇다면 현재의 나는 내가 하는 일을 통해 퇴직 이후에 어느 정도 경쟁력을 가질 수 있을까? 사실 필자도 이런 질문이나 진단지를 받으면 가슴이 철렁한다. 부담도 되고 두렵기도 하며 스트레스도 받는다. 그래도 한 번쯤 용기를 내어 솔직하게 스스로를 직면해보는 시간이 필요하다.

〔인생 후반전 이정표 점검〕

(1) 지금 회사에서 하고 있는 일에 만족합니까?

(2) 자신이 하고 있는(혹은 했던) 많은 일들 중에 가장 좋아하는 일은 무엇입니까?

(3) 자신의 재능과 강점, 약점을 잘 알고 있습니까?

(4) 지금 하고 있는 일을 통해 자기만의 차별적 전문성을 만들 여지가 있습니까?

(5) '직장은 나에게 일을 의뢰하는 고객이다'라는 의식을 해본 적이 있습니까?

(6) 지금 하고 있는 일의 경험을 살려서 독립(개인사업, 프리랜서 등)하는 것을 생각해본 적이 있습니까?

멀티잡도 좋은 연습이다

"최근에 집앞 부동산에 불쑥 가봤어요. 상가 나온 거 있냐고요. 보증금 3,000만 원에 월 120만 원짜리 식당을 회사를 다니면서 할 수 있을까? 디테일한 사업계획을 세워보려고 하거든요. 전에는 그냥 막연하게 '나중에 퇴직하면 뭐하지?'라고 생각했지만 지금은 직장을 다니면서 해보려고요. 전에는 맨날 야근하고 주말에도 출근하니까 투잡은 생각조차 못했죠. 그런데 이제 세상이 변해서 웬만하면 정시에 퇴근하잖아요. 당연히 주말에도 안 나가고요. 일하면서도 충분히 투잡을 할 수 있는 시간적인 여력이 돼요." 어느 40대 대기업 직장인은 그렇게 자신의 퇴직 준비를 하고 있었다.

코로나 팬데믹의 영향과 경기침체, 산업구조 변화 그리고 고령화 등이 맞물리며 주된 일자리 외에 부업을 갖는 '멀티잡multi-job

족'이 늘고 있다. 조사 기관에 따라 차이가 크지만 잡코리아와 알바몬이 중소기업에 재직 중인 직장인 607명을 대상으로 '직장인 아르바이트 현황'에 대해 조사한 결과, '현재 아르바이트를 하고 있다'고 답한 직장인이 16.9퍼센트나 된다고 한다. 초기의 멀티잡은 대리운전이나 배달처럼 당장 생활비를 보태기 위한 '생계형'이 주를 이뤘다면, 최근에는 '자아성취감' 또는 '제2의 직업 찾기' 등을 목적으로 하는 멀티잡이 등장하면서 그 형태가 매우 다양해졌다. 많은 사람들이 가만히 있지 않고 기회를 찾아 '움직이는' 것이다.

특히 최근의 유행은 본업에서 쌓은 역량을 활용하거나 취미나 인적 네트워크를 활용한다는 점이다. 예를 들어 자신의 업무를 통해 쌓은 지식과 동호회 활동 경험을 발판으로 온라인에 매장을 차리거나, 본업에서 터득한 영업 노하우를 활용해 직구숍을 운영하기도 한다. 또 취미로 즐기던 와인 동호인들과 와인 매장을 열기도 하고, 번역이나 코딩 과외 등 외국어나 전공 실력을 활용하는 경우도 많다. 디자인, IT 프로그래밍이나 영상편집 같은 전문성을 살리는 부업도 활발하고, '직장인 유튜버'를 꿈꾸는 사람들도 늘고 있다.

그러면서 아르바이트, 파트타임잡, 사이드잡 등 다양한 이름으로 불리는 일들을 알선해주는 플랫폼 업체도 많아졌다. 디자인, 프로그래밍, 영상, 사진, 음향, 마케팅, 번역, 비즈니스 컨설팅, 문서 글쓰기, 운세 상담 등 다양한 분야에서 활동하는 멀티잡족들의 수가 50만 명이 넘는다고 한다. 과거에는 전업 프리랜서가 이런 일을 했다면 요즘은 이런 사람들 중 절반 이상이 직장인이라는 분석도 있다. 퇴직 후 본격적으로 큰돈을 투자하기 전에 현직에서 쌓았던 경험을 활용해서 부업처럼 조그맣게 시작하는 사람들이 늘어나고 있다는 얘기다. 안정적인 직장에서 비교적 높은 연봉을 받는 직장인들도 예외는 아니다.

경력개발 전문가인 케리 해넌Kerry Hannon은 50대에 직장이나 직업을 바꾼 사람들을 수백 명 넘게 인터뷰했는데, 그녀는 돈을 벌고 있는 상태에서 최소 3년간은 경력을 바꾸기 위한 구체적인 준비를 해야 한다고 조언한다. 그러면서 이를 위한 가장 좋은 방법은 앞으로 할 일을 부업으로 한번 해보는 것이라고 말했다. 만약 커피숍을 창업할 생각이라면 아르바이트로 커피숍에서 일하면서 자신이 정말 이 일을 잘할 수 있는지 체험해보라고 말이다.

"요즘 매주 금·토, 무보수로 동네 호프집에서 퇴근 후부터 문 닫을 때까지 아르바이트를 하고 있어요. 경험 삼아서요. 안 된다면 말지 하는 마음으로 동네 호프집을 찾아가서 사장님께 돈 안 받을 테니 제일 바쁜 날 주 2회 2달간 우선 일해보고 싶다고 부탁했죠. 이 나이 먹도록 흔한 서빙 알바 한번 안 해봤거든요. 장사가 적성에 맞는지도 체험해볼 겸 자영업 간접 체험 중입니다. 힘은 들지만 배우는 게 많습니다."

대기업 부장인 후배가 어느 날 필자에게 보내온 문자다. 자신이 경험하지 못한 세계를 배우겠다는 마음으로 가장 바쁜 날, 무보수로 일해보는 것, 그 자체만으로도 대단하다는 생각을 했다. 모르긴 몰라도 이 후배는 새로운 직업의 세계에서도 충분히 성공할 수 있을 것 같다. 만약 계획하고 있는 일을 직접 해보기가 힘들다면 최소한 지금 그 일을 하고 있는 사람들에게 실제 상황은 어떠한지 상세히 이야기를 들어보는 방법도 좋다.

해넌은 또 "지금 하는 일과 완전히 다른 종류의 일을 하게 되면 어느 정도의 기간 동안은 소득이 줄어들 가능성이 높다."면서 "돈이 경력 전환에 가장 큰 걸림돌이 된다는 점을 항상 염두에 둬야 한다."고 지적했다.

"'수입 없이 버틸 수 있는 기간이 얼마나 되는지 계산해보셨어요?' 처음 장사를 시작한다고 하니까 어느 중견기업 대표님이 저한테 던진 질문이었어요. 아차, 싶었죠. 수입과 지출에 대한 계획만 잘 세우면 될 거라 생각했는데, 그게 아니었던 겁니다."

우리가 가진 재정적 자원이라는 건 늘 한계가 있을 수밖에 없고, 그에 따라 어떤 일을, 어느 정도 규모로 그리고 어떤 방식으로 할지 제한이 생길 수밖에 없다. 또 최악의 경우 내가 감내할 수 있는 손실 수준이 어느 정도인지, 그 결과가 나와 가족에게 미치는 영향이 어느 수준인지 미리 가늠해보는 작업도 필요하다. 여러모로 고민해야 할 사안들이 참 많다.

내가 좋아하는 일이 무엇인지 알고자 애써라

많은 사람들이 이렇게 외친다. "좋아하는 일을 찾아라.", "잘할 수 있는 일을 탐색해라.", "열정을 가질 수 있는 일을 시작해라." 참 많이 들었던 이야기다. 스스로 무엇을 좋아하고, 무엇을 잘하며 어느 것에 열정을 느끼는지 일찍 발견한 사람도 분명히 있다. 그러나 30년 넘게 직장생활을 잘 해왔음에도 좋아하고 잘하며 열정을 쏟을 만한 일을 아직 발견하지 못한 사람도 못지않게 많다. 아마도 사회가 원하는 모습이 되기 위해 앞만 보고 달려왔던 현재의 평범한 50대 직장인 중에는 후자에 해당하는 사람들이 더 많을 테다. 지금까지 일해왔던 직장생활의 속성상 다양한 장면에서, 다양한 경험을 해보기 어려웠기 때문이다.

경영자들은 항상 '혁신하라, 도전하라, 창의적으로 시도하라'고 강조하지만, 막상 새로운 것을 들고 가면 새롭다고 뭐라고 한다. 창의적인 것을 들고 가면 해본 적이 없어서 안 된다고 한다. 도전적인 것을 들고 가면 리스크가 크다고 책임은 당신이 져야 한다고 한다. 그러니 회사에서 살아남기 위해서는 관행에 따라 정해진 대로 일을 하고, 적절한 선에서 타협하는 지혜가 필요했던 것이다.

부서 배치나 이동, 업무 내용이나 목표도 대부분 회사가 결정해준다. 스스로 선택하고 결정할 수 있는 역할이나 일이 그다지 많지 않다. 이런 상황이 20~30년간 지속되다 보면 주어진 역할이나 일은 잘 해낼 수 있어도, 스스로 새로운 과제를 찾아내고 판단하고 결정하는 능력은 줄어들 수밖에 없다. 자연히 내가 무엇을 좋아하고 무엇을 잘하는지, 그리고 어떤 일에서 열정을 느끼는지 경험할 기회가 별로 없다.

그런데 퇴직 이후의 삶은 이 모든 것을 스스로 만들어내야 하는 삶이다. 내가 무엇을 하며 살아야 할지, 그 일을 언제, 어떤 방식으로 할지 또 혼자 할지 누군가와 함께할지 등은 오롯이 나의 선택에 달려 있다. 직장 안에서 나는 철로를 달리는 기차의 운전자였다면, 퇴직 이후의 나는 이정표 없는 도로를 달리는 자동차의 운전자인 것이다.

그런 의미에서 직장에서 새로운 업무를 발굴해 미지의 분야에 대한 경험을 쌓거나 멀티잡을 통해 자신의 경험이나 취미 또는 인적 네트워크를 테스트해보는 것도 의미가 있다. 왜냐하면 중년기 이후 삶의 핵심은 자신이 좋아하는 일, 잘하는 일, 열정을 느낄 수 있는 일을 찾아 열심히 그것을 추구하는 것이기 때문이다. 그리고 이런 것들은 '관념' 속에서 발견되지 않는다. 자판기처럼 행동과 동시에 즉각 결과물이 나오는 것도 아니다. 정말로 내가 그 일을 좋아하는지, 잘할 수 있는지, 그리고 열정이 느껴지는지를 확인하려면 뭔가 '시도'를 해야 한다. 직접 해봐야만 알 수 있다. 그리고 그 과정들은 성공과 좌절, 성찰과 인내의 시간을 요구할 수 있다. 그러나 그런 힘든 과정을 거쳐야만 좋아하고, 잘하고, 열정을 느끼는 일을 발견할 가능성이 크다. '어떡하지?'만 생각하며 어제와 똑같은 시간을 보내고 있다면 퇴직 후에도 '어떡하지?'만 반복하게 될 것이다. 그러니 더 늦기 전에 앞의 그 질문에 대한 답을 여러분 스스로 꼭 생각해보길 바란다.

바깥세상은 생각보다 춥다

의욕이 아니라 행동이 먼저다. 할 일을 미루는 사람은 어떤 일을 해야겠다는 기분이 들 때까지 기다리기만 한다.

_데이비드 번스, 스탠퍼드대학교 정신의학 및 행동과학 명예교수

"회사가 전쟁터라고? 밖은 지옥이다."

《미생》에 나온 유명한 대사다. 퇴직 후 경험하는 세상이 얼마나 팍팍하고 치열한지를 함축적으로 표현한 구절이기도 하다. 그래서 많은 사람들이 《미생》 최고의 대사로 이것을 꼽기도 했다. 좀 지나친 감이 없지 않지만 틀린 말도 아니라는 사실이 마음을 씁쓸하게 한다.

"회사 규모는 작았지만 착실하게 잘 다녔는데 하루아침에 쫓겨나다시피 나오게 됐습니다. 나이 먹어 할 수 있는 게 없어서 막막했죠. 퇴직금과 대출 1억 원을 더해 작은 고깃집을 차렸습니다. 식당 창업은 갈 곳 없는 저에게 '마지막 일자리'였고, 우리 가족에게는 '유일한 생계수단'이었습니다. 집에서 아이만 보던 아내도 사람을 고용하면 인건비가 많이 나가니 일손을 거들겠다고 나섰고, 열심히 하면 밥은 먹고 살 수 있을 것이라 믿었습니다. 그런데 세상은 만만치 않네요. 빚은 늘었고 식당은 결국 문을 닫았습니다. 주위에선 비난도 합니다. 자영업 공화국인 대한민국에서 왜 식당을 차렸냐는 비난이죠. 회사에서 나와 혼자가 됐을 때, 나 같은 사람도 일할 수 있는 곳이 많은 그런 나라였다면 장사에 뛰어들지는 않았을 것입니다."

(〈아시아경제〉, 2018. 9. 26.)

"고깃집 차린 지 2년도 안 돼 폐업, 그의 절규 자영업 미친 짓, 마지막 생계수단"이라는 제목의 기사에서 발췌한 폐업한 서 모 씨(52세)의 인터뷰다. 한 편의 사례이기는 하지만 남의 일이라고 무심코 넘기기 어려운 게 우리네 현실이다. 자영업은 퇴직 이후 가장 대표적인 선택지 중 하나이기 때문이다. 정말로 많은 50대가 퇴직 이후에 자영업을 고려한다. 문제는 우리나라에 자영업자가 너무 많다는 것이다. 550만 명(2021년 기준) 정도인데, OECD 회원국 중 여섯 번째로 자영업자 비중이 높고 미국의 네 배, 독일과 일본의 2.5배이다.

또 우리나라의 자영업은 서민들의 마지막 생계수단격으로 생기다 보니 근본적으로 과다경쟁 체제일 수밖에 없다. 통계청 자료에서도 이런 암울한 현실을 확인할 수 있다. 2020년에 생긴 기업 중 1인 기업이 95만 9,000개로 90.5퍼센트를 차지했고, 매출 5,000만 원 미만이 전체의 절반을 넘었다. 대부분 혼자 창업하고 영세한 구조라는 얘기다.

2019년 기준 1인 기업의 1년차 생존율은 64.8퍼센트, 5년차 생존율은 32.1퍼센트였다. 특히 진입장벽이 낮은 업종일수록 생존율도 낮다는 점이 문제인데, 가장 대표적인 창업 아이템인 음식점의 경우 최근 10년간 신규 창업 대비 폐업률은 90퍼센트 수준이었다.

폐업률만이 문제가 아니다. 2021년 9월 말 자영업자의 대출 규모는 887조 5,000억 원으로 1년 전보다 14.2퍼센트 늘었고, 전체 가계대출(10.0퍼센트)의 증가 속도보다 빠르다. 1인당 대출은 평균 3억 5,000만 원으로 비자영업자의 네 배에 육박한다. 물론 자영업자의 대출이 급증한 것은 코로나 팬데믹의 영향도 있었지만, 기본적으로 이들의 부채가 너무 많다는 게 문제다.

부정적인 전망은 또 있다. 저성장이 지속되면서 취업이 어려워진 20대 청년층도 창업에 뛰어들고 있다는 점이다. 기존의 자영업자에, 청년층이 추가됐고 또 740만 명에 이르는 베이비붐 세대의 은퇴가 본격화되면서 그들도 마지막 탈출구인 생계형 자영업으로 뛰어들고 있다.

이렇게 자영업으로 몰리는 이유는 자영업이 이들의 마지막 일자리이기 때문이다.

"나와서 특별히 할 수 있는 게 없죠. 그러니까 프랜차이즈 닭튀기는 거예요. 직원 안 쓰면 겨우 생활은 해요. 한 달에 한

300~400만 원은 나온다니까요. 근데 생활의 질은 엄청 떨어지죠. 그냥 계속 닭만 튀겨내는 거예요. 삶이 팍팍해지고 불쌍해지는 거예요."

선택이 아니라 생존의 문제로, 울며 겨자 먹기 식으로 내몰리기식 창업을 하는 게 현실이다. 이러니 직장인들 사이에서 '대리→과장→(부장)→(임원)→치킨집 사장'의 '닭튀김 수렴 공식'이란 자조 섞인 이야기가 나오는 것이다. 그러나 치킨집으로 대변되는 전통 자영업은 이미 한계에 봉착했다.

직장인이 아닌 '직업인'이 되라

"사전에 준비를 하는 거겠죠, 사전에. 막연하지만 누구나 생각은 해요. '뭔가 하기는 해야 되는데…' 하고 말이죠. 그런데 실천에 옮기는 사람은 5퍼센트도 안 되는 것 같아요."

어느 50대 직장인의 고백이다. 수명이 길어지고, 직장생활이 점점 불안정해지면서 40대만 되어도 대다수 직장인들이 퇴직 이후 삶을 위해 지금부터 뭔가 준비를 해야 한다는 압박감을 느낀다. 자기계발에 열심이거나 퇴근 후 학원 등에 다니면서 새로운 지식과 기술을 배우거나, 창업 준비를 위해 시장조사를 하거나 또는 커뮤니티를 만들어 노하우를 공유하기도 한다. 40대에 들어서 이렇게 준비한 사람이라면 아마도 퇴직 후 무난히 적응할 가능성이 훨씬 높을 것이다.

그런데 퇴직 이후의 삶에 대한 준비는 현재의 직장생활이나 내 업무와 완전히 무관하지 않다. 완전히 다른 일을 해야 하는 것도 아니다. 회사 일을 열심히 하는 것과 퇴직 후를 위해 자기계발을 하는 것은 양자택일의 문제가 아니다. 회사는 일을 하는 무대다. 일을 할 수 있도록 여러 사람이, 여러 시스템이 멍석을 깔아준다. 회사를 위해서 온 힘을 다 쏟을 필요는 없지만 그곳이 일을 제대로 할 수 있는 좋은 기회가 되는 장소임은 분명한 사실이다. 자기 자신을 위해 일할 수 있는 곳이라는 의미다. 좀 더 독창적으로, 주도적으로 스스로 기준을 세우고 과정과 결과를 만들어볼 수 있다.

그런 측면에서 중년의 시기에는 목표를 직장인이 아닌 직업인으로 삼아야 한다. 그게 훨씬 더 현실적인 것이, 갈수록 '당신의 직위가 무엇이냐'보다 '무엇을 할 줄 아느냐' 그리고 '어떤 문제를 해결할 수 있느냐'가 더 중요해지고 있기 때문이다. 그러니 50대 직장인은 다음과 같은 질문을 자신에게 해봐야 한다.

"내가 할 줄 아는 것은 무엇인가? 그리고 나는 어떤 문제를 해결할 수 있는가?"

그러려면 끊임없는 학습과 계발이 필요하다. 참 피곤하고 힘든 세상이다 싶기도 하지만, 한편으로는 아무 역할이 없어 30~40년 동안 무기력하게 사는 것보다는 이게 훨씬 나을 수도 있다. 수명이 늘어났으니 그 늘어난 수명의 시간 동안 어떻게 살 것인지를 고민해야 한다.

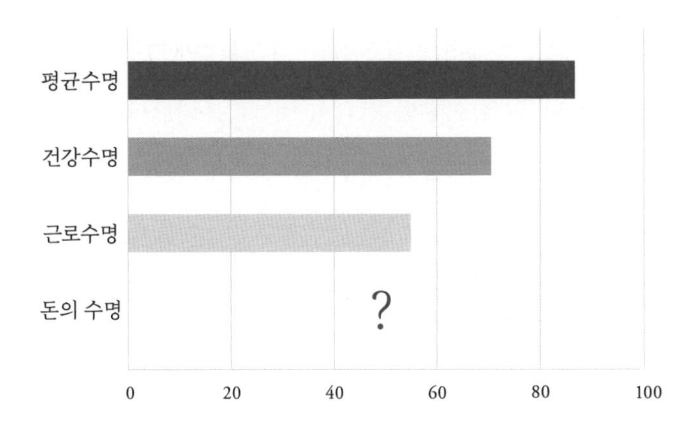

이런 관점에서 미래에셋은퇴연구소 김경록 소장의 이야기는 많은 시사점을 준다. 우리 삶에는 네 가지 수명이 있다고 한다. 기대수명, 건강수명, 근로수명, 그리고 돈의 수명이 그것이다.

OECD 보건통계(2019년 기준)에 따르면 한국인의 평균 기대수명은 83.3세로 남자는 80.3세, 여자는 86.3세다. 이것을 OECD 회원국 평균과 비교해보면 2년 이상 길고, 일본에 이어 2위 수준이다. 기대수명은 해마다 가파르게 증가해서 1960년에는 52.4세에 불과했던 것이 1990년에는 71.4세, 2016년에는 82.4세로 증가했다. 그래서 많은 미래학자들이 한국인 평균수명은 이제 100세를 넘어 120세를 대비해야 한다고 말한다.

하지만 한국인의 평균 건강수명은 남성 65.6세, 여성 67.2세로 기대수명보다 훨씬 짧다(2020년 통계청 자료 기준). 건강수명은 몸이 아프지 않고 건강하게 살아가는 기간을 말한다. 즉, 얼마나 오래 사느냐보다 실제 건강한 기간이 어느 정도인지를 나타내는 것으로 선진국에서는 평균 기대수명보다 훨씬 중요하게 다루어지고 있다. 이 기준에 따르면 남성은 생의 마지막 14.7년, 여성은 19.1년을 건강 문제로 활동에 제약을 받으면서 살아간다는 의미다. 그래서인지 사람들이 평생 지출하는 의료비의 50퍼센트를 생의 마지막 5년 동안 사용한다는 통계도 있다.

근로수명은 49.3세다. 미래에셋투자연금센터가 통계청 자료를 이용하여 2021년 기준으로 55~64세 연령층의 주된 일자리 퇴직 연령을 추산한 결과다. 20대 중후반까지 교육을 받고, 직장생활을 시작한 후 약 50세 무렵에는 중심부 일자리에서 밀려나 가교 일자리, 즉 계약직이나 임시직 같은 비정규직이 된다는 뜻이다.

인생 100세 시대에 주된 일자리에서 퇴직한 후의 삶이 30년, 40년으로 증가하고 있는 상황에서는 경제적 이유뿐만 아니라 자아실현과 건강, 사회기여 등의 이유로라도 뭔가 역할을 찾아야 한다. 그러기 위해서는 직업 세계에 머무르는 기간, 즉 일하는 기간을 늘려야 한다. 문제는 우리나라에 사는 보통의 사람들이 회사를 떠나 손에 쥔 퇴직금으로 선택할 수 있는 대안이 자영업 이외에 많지 않다는 것이다. 이것이 한국의 자영업 시장이 퇴직자들이 차린 치킨집, 편의점, 카페 등으로 극심한 레드오션을 이루는 이유 중 하나다. 그래서 더 미리 고민하고 준비해야 한다.

마지막이 돈의 수명이다. 은퇴 이후 빈곤층으로 전락하지 않기 위해서는, 특히 75~80세까지의 노후 준비를 위해서는 경제적 준비가 필수다. 물론 어느 정도의 경제적 준비가 필요한지는 개인에 따라 천양지차일 수밖에 없다. 예를 들어 2022년 기준 2인 가구의 법정 최저생계비는 195만 6,051원이다. 말 그대로 개인파산의 기준으로 법에서 정한 최저생계비이다 보니 현실적으로 부족하다고 생각될 수 있다. 또 경우에 따라 이보다 훨씬 많은 금액도 부족하다고 생각될 수 있다. 경제적 준비의 수준에 객관적인 기준이나 정답이 없다는 의미다. 다만 근로수명이 다한 이후에도, 즉 내가 더 이상 일을 할 수 없는 경우에도 자신의 생활을 유지하기 위해 일정 수준의 소득이 발생할 수 있도록 미리미리 준비해놓아야 한다. 그것이 바로 돈의 수명이다.

돈의 수명을 늘리기 위해서는 투자에 대한 마인드와 지식이 필요하다. 예를 들어 '길거리에 전기차가 많이 늘었네'에 그치는 것이 아니라, '이걸 어떤 회사가 만들지?'처럼 세상의 변화를 투자의 관점으로 바라보는 자세가 필요하다. 투자에 대한 마인드를 가지고 소액이라도 투자를 하면 세상에 계속 관심을 갖게 되고, 그만큼 경제와 투자에 대한 지식도 늘어난다. 자산배분도 중요하다. 금융전문가들은 주식, 부동산, 채권, 예금 등 어떤 비중으로 자산을 배분했느냐가 성과에 큰 영향을 준다고 강조한다. 자산배분은 개인적인 판단만으로는 한계가 있을 수 있으니 주변의 금융기관을 적극 활용하길 권한다.

마지막으로 연금의 역할이 중요하다. 연금의 핵심인 국민연금을 비롯해서 퇴직연금과 개인연금을 3층 구조로 준비해야 한다고 전문가들은 조언한다. 당장의 기본생활비, 자녀 교육비, 여가를 위한 지출 등 자신의 씀씀이를 노후 준비를 위한 계정과 분리할 필요가 있다.

현실과 미래를 동시에 고려하라

미래는 현재보다 나을 것이라는 긍정적인 마음 상태를 가지는 것이 늘 옳을까? 심리학자들의 연구 결과를 보면 긍정적인 사고가 항상 좋은 결과만을 가져다주지는 않는다는 것을 알 수 있다. 오히려 성공을 방해하기도 한다.

예를 들어 체중 감량 프로그램에 참가한 여성은 미래의 자기 모습을 어떻게 그리는지에 따라 체중 감량 효과가 다르게 나타난다고 한다. 살이 많이 빠져서 다이어트에 성공하리라고 낙관한 사람일수록 체중 감량 효과가 오히려 적게 나타난다는 것이다. 또 좋은 학점을 기대하는 학생들, 자신은 취업에 성공할 수 있을 것이라 낙관적으로 생각하는 학생일수록 오히려 기대와는 다른 결과를 얻기 쉽다고 한다. 긍정적인 사고가 기대를 실현하는 데 오히려 방해가 된 것이다.

왜 이런 결과가 나왔을까? 때로 긍정적인 사고는 적극적인 행동을 가로막는 장애물이 되기 때문이다. 긍정적인 사고로 인해 사람들이 현실에 더 쉽게 안주하게 된다는 얘기다. '에이, 잘 되겠지', '여기에 참여했으면 살이 빠지겠지'와 같은 마음은 크게 노력하지 않아도 목표를 쉽게 달성할 수 있으리라 낙관하게 만들고, 그래서 그런 생각을 가진 사람들은 목표를 향해 열심히 달려가기보다 이미 그 목표를 이룬 것처럼 대충 행동하는 경향이 많았다.

이러한 긍정적 사고의 함정을 피하기 위해서는 당면한 어려움에 대해 '현실적'으로 접근할 필요가 있다. 현재 내 상황을 냉정하게, 냉철하게 살피고 그 대안을 고민해봐야 한다. 물론 너무 부정적인 측면에만 초점을 맞추는 것도 좋지 않지만 말이다. 여러 연구 결과에 따르면 가장 성과가 좋았던 사람들은 언제나 밝은 미래와 그 미래로 나아가기 위한 현실적인 제약을 동시에 생각하고 온 힘을 다하는 사람들이었다.

부정적인 이슈들을 이토록 길게 설명한 이유는 지금까지 열심히 살아왔던 것처럼, 50대에도 여전히 열심히 살아야 한다는 것을 이야기하고 싶어서다. 지금까지 '직장인'으로 열심히 살았다면, 이제는 '직업인'의 관점을 가지고 세상을 봐야 할 때다. 너무 나무만 보지 말고 숲을 보며 큰 틀에서 미래를 그려보자. 아직도 살아갈 날들이 우리에겐 많이 남아 있다.

100세 시대, 일의 재발견

자신이 스스로 무엇을 원하는지 정확히 예측하기란 절대 쉽지 않다.

_배리 슈워츠, 스워스모어대학교 교수

"대기업 부장으로 나왔건 상무·전무로 나왔건 간에 이건 다 똑같을 거예요. 제가 해결하지 못한 일은 업業이라는 거. 그래서 귀농하는 사람을 이해해요. 아침에 일어나면 고랑 멜 일이 있고, 때 되면 꽃이 피고, 또 때 되면 열매 따서 박스에 넣어 가지고 딸내미, 아들내미 보내주고. 어쨌든 움직여야 밭이 제대로 굴러가니까 그게 평생 업이 되잖아요. 그런 의미의 업을 바라는 거예요. 적자가 나든, 수익이 나든 가게 하나를 만들어놓으면 나는 거기를 그냥 업으로 일하는 거죠."

중년 남자들에게 일은 다양한 형태와 의미를 갖는다. 돈을 벌기 위한 사업이나 노동도 있고, 종교단체나 사회단체에서 하는 자원봉사도 있다. 물론 집안일이나 취미 활동 그리고 무언가를 배우는 활동도 전부 일의 영역에 포함된다. 그중 돈을 벌기 위한 활동으로 일의 영역을 좁혀서 생각하면 크게 두 부류의 사람이 존재한다. 첫째는 자신의 평생직업을 갖는 것을 목표로 그 일을 전업으로 하겠다고 생각하는 사람, 둘째는 파트타임이나 프리랜서 등의 형태로 느슨하지만 경력도 살리고 재미나 보람도 느낄 수 있는 일을 갖고 싶은 사람이다. 느슨한 형태의 파트타임도 자리 잡기가 쉽지 않지만, 평생직업을 갖는 일은 정말 쉽지 않은 과정을 필요로 한다.

조직인간이 아닌 프리 에이전트가 되라

한창 일할 나이에 직장에서 밀려나 일자리를 잃게 되는 현실은 서글프다. 갑작스레 조직을 떠난 중년 남자들이나 그들을 바라보고 있는 살아남은 남자들이나 모두 앞날이 암울하기는 매한가지다. 살아온 날만큼 살아야 할 날이 많은 이들에게는 '일과 역할'이 절실한데, 당장 무엇을 어떻게 준비하고 시작해야 할지 막막하다. 전문가들은 고부가 자영업으로 눈을 돌려야 한다고 조언하지만 그게 어디 말처럼 쉬운가. 그렇다고 여전히 몸도 건강하고 정신도 건강한, 열심히 일할 수 있는 나이에 아무 역할도 없이 시간을 때우는 것도 고역이다.

중년기의 중요한 과제 중 하나는 삶의 재구성이고, 그 재구성에서 중요한 것이 일이자 역할이다. 또한 어느 정도 자신이 원하는 삶을 살기 위해서는 돈도 벌어야 한다. 남자들의 중년기와 초기 노년은 일하는 삶이어야 한다.

문제는 지금까지 조직인간으로 살아온 남자들이 갑자기 다른 맥락에서 성공하는 게 쉽지 않다는 점이다. 조직인간이라는 말은 《포춘》의 편집장이었던 윌리엄 화이트William Whyte가 '기업 중심 사회에서 회사와 자신을 동일시할 정도로 충성하는 사람'이라는 의미로 사용했다. 그들은 조직에 충성하느라 자기 자신의 정체성과 목표를 잊었거나 혹은 아예 그런 것을 덮어버리고 살았다. 그리고 직장은 이런 남자들에게 충성과 자기 부정의 대가로 급여와 복지, 안정된 일자리에 대한 약속, 그럴듯한 명함과 지위를 갖게 해주었다. 조직인간에게는 소속감이 개성보다 더 중요하고, 개인보다 집단의 조화가 중요했다. 그들은 이 길이 인생을 살아가는 올바르고 영예로운 길이라고 믿었다.

그런데 이런 관계에 지각변동이 생겼다. 시대의 변화와 맞물려 조직의, 조직에 의한, 조직을 위해 사는 인간상이 무너진 것이다. 더 이상 일자리는 안정적이지 않고 그럴듯한 명함과 지위는 오래 주어지지 않는다. 그 결과 새롭게 등장한 인간상이 프리 에이전트, 1인 기업이다. 그들은 거대 조직에 충성하는 대신 자신이 정한 방식에 따라 독립된 노동자로 살아가면서 불특정 다수의 고객과 소비자를 위해 일한다.

사회적 환경도 이들의 등장을 돕고 있다. 요즘 세상은 아이디어와 기술 중심의 경제 구조다. 개인이 가진 아이디어와 기술을 소비자와 연결시켜주는 다양한 플랫폼이 활성화되면서 고객을 찾아다니는 번거로움이 상당히 줄어들었다. 또한 과거처럼 공장이나 거창한 설비를 가지지 않고도 생산물을 만들어낼 수 있다. 노트북처럼 값싸고 휴대가 간편하며 조작이 간편한 생산도구가 보편화되고 있다. 또 언제 어디서나 온라인 접속이 가능해졌다. 사무공간이나 사무기기도 공유의 개념이 등장하면서 생산 수단은 이제 지식과 기술을 가진 개인이 움직이는 곳이라면 어디든지 늘 가지고 다닐 수 있게 됐다. 그 결과 아주 작은 자본으로 회사를 만들고 생산물을 만드는 활동이 가능해졌다.

현업 이후의 현업이 되기 위한 조건

누구나 언젠가는 퇴직을 해야 하고, 원한다면 결국 '업'을 가져야 한다. 그러려면 먼저 어떤 형태의 업을 구성할지 결정해야 한다. 이럴 때 가장 이상적인 조건은 자신이 잘하고, 좋아하고, 돈이 되는 일이다. 그런데 이런 조건을 모두 만족시키기란 정말 쉽지 않다. 그래서 중년에 업을 찾은 사람들이 들려주는 제2의 인생 준비에 대한 '실질적인 조언'들에 귀 기울일 필요가 있다.

첫째, 중년 남자들이 '업'이 만들기 위해서는 자신의 직장생활 경험과 관련된 것을 찾아야 한다.

"일을 안 한다면 모를까, 해야 한다면 빨리 시작하는 게 좋아요. 가급적 1년 이내에, 내가 이전에 뭐였네 하는 그런 마음은 버리고요. 그런데 반드시 내가 했던 걸 하는 게 좋아요. 퇴사하고 여행업을 시작했는데 나보다 수십 년 먼저, 오래한 사람들이 있는 거예요. '그래서 나는 당해낼 수가 없겠구나' 하는 생각이 들었죠. 깊이가 낮은 거죠. 아무리 인터넷으로 찾고 연구하고 그런다고 해도, 오랜 경험을 가진 이들의 깊이를 따라갈 수가 없어요."

"뭘 할까 집사람하고 고민하다가 당신이 회사에서 가장 오랫동안 했던 일을 한번 해보라고 하더라고요. 장사하는 분들 보니까 함부로 끼어들 데가 아니구나 싶어서 지금 하는 일을 조금씩 시작을 했죠."

중년에 업을 만들어간 50대 남자들의 경험담이다. 어설프게 자신이 모르는 분야에 투자하거나 프랜차이즈 같은 사업에 뛰어들기보다는 이들처럼 자기가 해봤던 일, 잘할 수 있는 일, 그동안 오래 했던 일과 비슷한 분야에서부터 서서히 시작하는 것이 가장 좋다. 그래서 먼저 퇴직한 선배들은 젊은 시절 자신이 직접 경험했던 분야에서 일을 시작하라고 권한다. 그래야 실패를 하거나 사기를 당하지 않는다.

둘째, 적은 자본으로 시작할 수 있어야 한다.

"큰 자본을 투자해야 한다면 감당을 못할 것 같았어요. 그래서 가장 적은 자본으로, 다 잃어도 괜찮을 자본으로 했어요. 그렇게 2년 반을 해봤죠. 시간이 흐르니까 조금씩 보이더라고요."

"처음 나와서 뭘 하려고 하면 자기 돈을 많이 투자하지 않아도 되는 것을 하라고 해요. 경험도 없는 상태에서 이것저것 투자를 했다가 다 날리면 회복이 안 되니까요. 가능하면 재고가 없는 것, 큰 자본이 안 들어가는 걸 찾아보라고 하지요."

중년에 퇴직을 하면 마음이 급해진다. 뭐라도 빨리 시작해야 할 것 같은 조바심을 느낀다. 그리고 이왕이면 남 보기에 그럴듯한 모습으로 시작하고 싶은 마음도 생긴다. 한편으로는 미래에 대한 두려움이 크다. 그래서 리스크를 전부 피하고 싶어 한다. 한 푼도 손해보고 싶지 않은 것이다. 이런 생각은 누구나 다 비슷하다.

인간은 본래 이익보다 손해에 민감하고 손해보는 것을 극도로 싫어한다. 퇴직한 후 뭐라도 시작하는 일이 그래서 참 어렵다.

투자를 하지 않으면 아무것도 얻어지는 것이 없는데, 막상 투자를 하자니 까먹을까 봐 무섭고 두려운 것이다. 그래서 이러지도 저러지도 못하는 진퇴양난의 시간이 계속 반복된다.

이런 상황에서 할 수 있는 일은 가장 적은 자본으로 경험도 쌓고 자신감이 붙을 때까지 계속 시도해보는 것뿐이다. 50대 이후 자신의 평생 업을 찾은 사람들은 큰돈을 투자하거나 리스크를 안고 가기보다 스스로 잘할 수 있고 좋아하는 분야에서 욕심을 버리고 시작하는 것이 중요하다고 강조한다.

셋째, 목표를 설정하고 한 우물을 판다는 심정으로 꾸준하게 시도하는 자세가 필요하다.

> "제 친구가 회사를 나와서 거의 10년 동안 내리막길을 걷다가 11년 차부터 올라서기 시작하는데 무섭게 돈을 벌더라고요. 그때 그 친구를 찾아가 물어봤는데, 그야말로 '존버정신'으로 버텼대요. 너무너무 힘들어서 매일 건물 옥상에 올라가서 달 보고 담배 피우고, 그러다 어느 날은 나쁜 생각도 들었다고 하더라고요. 그렇게 고통스러운 나날을 보냈지만 여러 우물을 파지 않고 한 우물만 팠대요. 이거 할까 저거 할까 하면서 다른 우물을 팠으면 못했을 거래요. 근데 한 우물을 계속 집중해서 판 거죠. 새로운 일을 시작하려면 목표 설정이 가장 중요한 거 같아요."

"사업 시작하고 중간에 오라는 데가 몇 군데 있었어요. 그런데 가봐야 나이가 있으니까 몇 년 있으면 쫓겨날 것 같더라고요. 좀 유혹은 있었는데 집사람이 그러더라고요. 거기 가서 2~3년 있다가 쫓겨 나와서 다시 뭔가를 새로 해야 할 거라면 아예 가지 말고 이 일을 하라고요. 그래서 계란으로 바위를 치는 심정으로 계속 두드린 거예요. 문이 열릴 때까지."

중년에 업을 만들기 위해 반드시 기억해야 할 사실은 이러한 업이 절대 한순간에 만들어지지 않는다는 점이다. 새롭게 출발하는 그 세계에는 이미 그 세계의 전문가와 선수들이 즐비하고, 중년 남자들은 그 세계에서 새내기이자 아마추어에 불과하다. 시행착오를 통해 배우고 성장하겠다는 겸손한 자세가 필수적이다. 또 때로는 오랜 시간의 고통과 인내를 감수해야 하는 경우도 있다. 어떤 목표를 가지고 시작했든 원하는 결과물을 만들기 위해서는 노력이 필요한 법이다. 한눈팔지 않고 꾸준히 시간을 투자하며 견뎌내야 한다.

물론 '반퇴'의 모습으로 무직과 비정규직 사이를 오가며 사는 삶이 더 만족스러운 사람도 있을 것이다. 그것이 자신의 삶의 방식에 맞다면 그런 선택도 좋다. 그렇지만 한 분야에서 업을 삼을 만큼 자리를 잡으려면 그만한 노력이 뒤따라야 한다.

넷째, 업에 대한 목적의식이 필요하다. 업은 당연히 경제적 목적을 위해 필요하다. 그러나 중년 이후의 삶을 만족스럽게 살려면 경제적 목적 이외에도 일이 갖는 의미나 내적인 사명감이 필요하다. 중년 남자들에게 '일'은 더 이상 '일자리'만을 의미하지 않는다. 남자에게 과거의 일이 직장에서 주어진 역할과 그 역할을 수행하기 위한 과업들이었다면, 중년에 새롭게 시작하는 일은 자신이 하고 싶은 것을 원하는 방식으로, 원하는 시기까지 수행하는 것을 의미한다.

"직장에서 추구했던 가치와 여기서 추구하는 가치가 똑같지 않아요. 지금의 가치는 내가 계속 어디에 소속되어 있는 것, 나라는 인간이 어디에 도움이 되는 것, 지금 하는 일을 계속 발전을 시키는 것, 그래서 내가 원할 때까지 오래도록 하는 것, 이런 거예요."

퇴직 이후에 자신의 삶을 재정비한 중년 남자들은 '일'의 개념을 '일거리', '일감'으로 재구성했고 이를 '업'이라고 표현하면서 그것을 찾고, 수행하고, 즐기면서, 의미를 발견하고자 했다.

이쯤에서 앞서 던졌던 정체성이라는 화두, 개인 가치라는 화두 그리고 삶을 살아가는 데 필요한 여섯 가지 자본을 다시 한 번 떠올려보자. 나는 어떤 삶을, 어떤 방식으로 살아가고 싶은가? 그러기 위해 나는 지금 어디에 서 있는가?

'무엇을 원하는가'보다 더 중요한 질문

소매를 걷어붙이는 건 내 손이다.

_미국 속담

“저는 저만의 루틴을 만들려고 굉장히 노력을 많이 했어요. 집에 있으면 루틴이 안 만들어지더라고요. 와이프랑 싸우고, 애들한테 민망하고…. 그러니까 남자는 무조건 해 뜨면 나오고, 해 지고 난 다음에 들어가고 그런 게 좋은 거 같아요.”

“퇴직 후에 바로 뭔가를 해야겠다는 생각이 들었어요. 회사를 그만두고 집에 있으니까 사람이 굉장히 나태해지더라고요. 또 세상으로부터 뭔가 단절되고 고립된 것 같기도 하고요. ‘두들겨 맞더라도 나와서 두들겨 맞자’라는 생각을 많이 했어요. 주변 친구들도 일단 사무실을 구해야 한다고 그러더라고요.”

일출을 보려거든 어두울 때 일어나라

중년에 떠밀리듯 회사를 나왔지만, 고군분투하며 평생직업을 만들었던 여러 남자들에게서 가장 주목해야 할 점은 무엇일까? 그들은 가장 먼저 자신만의 규칙적인 생활 패턴을 구성했다. 평생

직업을 찾은 대다수의 남자들은 규칙적인 생활을 유지하면서 새로운 활동을 준비했다.

반면에 회사를 그만두고 평생직업을 찾는 데 실패한 남자들은 규칙적인 생활 패턴을 만들지 못한 채 집에 머물러 있는 경우가 많았다. 이들도 뭔가 열심히 준비해보겠다는 생각은 가졌지만 그것이 실제 행동으로 연결되지는 않았다. 새로운 시도를 시작한 사람들은 치열한 경쟁이 펼쳐지는, 냉혹한 세계에 대한 감각을 놓치지 않기 위해 머리가 아니라 몸을 움직였다.

"이렇게 살아가지곤 안 되겠구나 싶어서 먼저 퇴직한 동기들을 찾아다니기 시작했어요. 또 성공한 친구들이나 선배들도 찾아다녔고요. 그 사람들의 공통점이 되게 열심히 사는 거더라고요. 그런 모습을 보고 저도 한 번 제대로, 열심히 살아봐야겠다는 마음이 들었죠. 그래서 '남들보다 두 시간 일찍 출근하고 두 시간 늦게 퇴근하자, 주말에도 일하자' 이렇게 마음을 다잡았어요."

평생직업은 그냥 만들어지는 것이 아니었다. 우리는 대부분 그들이 만든 결과만을 보지만 그들이 그런 결과를 만들기까지의 과정은 눈물겹도록 힘겹고 아플 때가 많았다. 그렇지만 그런 과정은 어쩌면 당연한 것인지도 모른다. 인생에는 분명히 운도 존재하지만 치열한 경쟁으로 가득한 세상에서 거저 얻어지는 것은 없기 때문이다.

"공부하고 연구하고를 계속 반복했어요. 반복하니까 열리지 않을 것 같던 문이 조금씩 조금씩 열리더라고요. 그때부터 '아! 이 길로 가면 되겠구나' 싶은 생각이 들었어요."
"시간은 째깍째깍 돌아가는데, 나이는 더 들고 기운은 더 빠지고, 그냥 주저앉아서 더 나약해지고 있는 내 모습을 보는 게 참 싫더라고요. 연극배우는 악플이 달리더라도 자꾸 무대에 서봐야 하고, 타자들은 삼진을 당하더라도 계속 타석에 들어서봐야 감각이 생기고 배우는 게 있는 것처럼 뭔가 도전을 해봐야겠다는 생각을 했어요. 한걸음이라도 일단 걷자. 그래야 산 정상에 올라갈 수 있다고 생각을 하고, 계속 간 거예요. 무모한 시도였는지 모르겠지만."

'하다못해 카페라도' 같은 정신으로는 곤란하다

회사에서 성공을 만들어본 사람들은 그것이 모두 자신의 실력이라고 믿는 경우가 많다. 그러나 그것은 대부분 착각이다. 회사의 브랜드, 인력, 예산, 시스템 같은 요소들이 있었기에 가능했던 일이었다.

"이 동네에 제가 잘 가는 삼겹살집이 있는데 장사가 되게 잘되요. 거기 사장님이 40대인데, 미국에서 MBA 공부하고 와서 대기업 몇 년 다니다가 때려치우고 삼겹살을 연구해서 성공하신 분이에요. 삼겹살집으로 한 달에 몇 억씩 벌어요. 그 사장님한테 어떻게 대기업 다니다 삼겹살집을 하게 됐냐고 물어보니까, 학교 다닐 때는 부모님이 공부 열심히 해야 성공한다고 해서 그렇게 했는데, 나중에 사회 나와서 보니까 그게 아니더라는 거예요. 그래서 평생 갖고 갈 직업을 찾아야겠다 싶어서 시작했대요. 처음 6~7년은 집에도 안 가고 삼겹살집 주방에서 야전침대 깔고 연구를 했대요. 전국에 유명한 삼겹살집을 찾아 다 돌아다니고, 사장님을 쫓아가서 배우고 그랬대요. 삼겹살 유통구조부터 돼지의 종류, 육질, 몇 달 키운 놈이 맛있고, 어디 산지가 더 맛있고, 뭘 먹여 키운 돼지가 더 맛있고, 어느 부위의 칼질은 어떻게 해야 되고, 어느 부위가 가성비가 좋은지, 또 불의 온도는 어느 온도에서 가장 맛있고, 몇 도까지 구워야 맛있고, 이런 걸 다 연구를 했더라고요. 이런 걸 하나하나 배우는 과정이 굉장히 힘들었대요. 우리가 흔히 '나이 들어서 퇴직하면 그냥 닭이나 튀기지' 이렇게 해서는 성공을 못 하겠더라고요. 성공한 사람은 접근하는 방식 자체가 다르다는 생각이 들었어요. 그 사장님 하는 말이 '그냥 열심히만 한다고 되는 게 아니라 그거보다 몇 배는 더 열심히 해야지만 성공할 수 있다'는 거예요. 그 말이 딱 가슴에 와닿더라고요. 내가 남들만큼 열심히 하면 그건 현상 유지밖에 안 되는 거예요. 남들보다 몇 배 더 열심히 해야지 상위 10퍼센트 안에 드는 거더라고요. 상위 10퍼센트 안에 들어가는 사람들은 저렇게 노력을 하는구나… 하고 깨달았지요."

직장생활에서의 성공은 오로지 자신의 능력으로만 만들어진 것이 아니다. 물론 스스로 열심히 했고, 인사이트도 있었을 테지만 그것만으로 이룬 성취는 아니었다는 말이다. '왕년에 내가 부장이었어, 상무였어' 하는 타이틀도 회사 밖으로 나와서는 쓸모가 없다는 걸 깨달아야 한다. 내가 무엇을 해봤는지는 이제 그다지 중요하지 않다. 현재의 내가 진짜 무엇을 할 수 있는지 세상에 스스로 증명할 수 있어야 한다. 세상에는 전문가와 선수들이 즐비하다는 사실도 인정해야 하고, 시행착오를 통해 배우겠다는 겸손한 자세가 필수라는 점도 받아들여야 한다.

마냥 부러워해서는 아무것도 얻을 수 없다. 그리고 막연히 생각했던 것보다 더 많이 노력해야 한다. 중년에 새로운 도전으로 평생직업을 찾은 남자들은 이러한 사실을 먼저 깨닫고 행동한 사람들이다.

"처음엔 회사 나와서 사업이랍시고 시작할 때는 그 사업하는 사람들이 마냥 부럽기만 했었어요. 왜냐면 그 사람들의 고생을, 그 이면의 고통을 몰랐던 거예요. 근데 나중에 알고 보니까 그 단계로 갈 때까지 그 사람들도 굉장히 많은 고통을 겪었더라고요. 방법은 딱히 없어요. 자기 스스로 이겨내는 수밖에요. 부단하게 노력을 하면서, 남들보다 더 열심히 사는 거죠. 세상에 많은 고수들이 있다는 걸 아니까 그게 무서우니까 남들보다 먼저 일어나고, 남들이 놀러갈 때 놀러 안 가고, 그때도 연구하고. 그런 거죠."

내가 기대했던 결과는 한순간에 만들어지지 않는다. 오랜 시간 고통과 불안을 감내하는 과정을 거쳐야 한다. 굉장한 인내심이 필요하고 분투하겠다는 삶의 자세도 필요하다.

"하루아침에 되는 건 없어요. 세상에 그런 건 없다고 봐요. 돌이켜보면 회사일도 그랬잖아요. 그 과정에는 수많은 어려움과 고민이 있을 수밖에 없어요. 사실 새롭게 일을 시작하면서 밤에 잠을 못 잤어요. 잠들었다가 한 시간 만에 깨고, 또 잠들었다가 한두 시간 있다가 깨고 이걸 계속 반복을 했었어요. 하루에 담배를 두세 갑씩 피고도 그랬었어요. 더 구렁텅이로 들어가는 것 같았죠. 미로 속을 헤매다가 개울물을 만나면 반갑고. 그러다가 도로가 보이면 더 반갑고, 이제 살았다 하는 느낌이 있잖아요. 안도의 한숨 같은 거요. 그 순간까지가 참 힘들었던 것 같아요. 어지간한 노력으론 거기까지 못 가죠."

"굉장히 외로웠어요. 나를 도와줄 사람이 한 명도 없는데 어떻게 자기 자신과 싸워 이기느냐, 자신을 어떻게 극복하느냐 하는 게 업을 만들어가는 과정인 거 같아요."

인생이라는 게 비바람이 불면 있는 그대로 비바람을 맞아야 할 때가 있다고 한다. 한 송이 꽃이 피기까지는 서리도 맞고, 우박도 맞고, 눈보라도 맞고, 비바람도 맞고 그걸 다 견뎌야 하는 시기가 있다. 중년의 남자들은 중년이 되었을 때 그걸 깨닫는다.

나는 어떤 고생을 감내할 준비가 되어 있는가?

몇 년 전, 모 방송사에서 취업난에 시달리는 청년들에게 멘토들이 인생 조언을 해주는 프로그램을 기획했었다. 강단에 오른 많은 멘토들이 다들 좋은 이야기를 했지만 그중 농구선수 서장훈 씨의 이야기가 특히 기억에 남았다.

> "무책임하게 여러분들을 응원한다, 여러분들의 청춘을 응원한다, 무슨 아프니까 어쩌고 이런 다 뻥입니다. 저는 개인적으로 그런 생각을 합니다. 기성세대가 젊은 사람들한테 그냥 점수 따고 좋은 이야기하려고 여러분들이 하고 싶은 거 즐기면 다 된다고 하는데, 즐겨서는 절대 안 됩니다. 즐겨서 되는 거 단 한 번도 본 적이 없어요. 즐기는 것에 방법의 차이가 있겠지만 즐겨서 뭘 이루어낼 수 있다? 저는 단연코 없다고 생각합니다. 그렇기 때문에 냉정하라고 말씀드리는 겁니다. 물론 여러분들을 응원합니다. 당연히 응원하죠. 그런데 무책임하게 뭐 노력하는 자가 즐기는 자를 못 따라간다, 이런 말은 완전 뻥이에요. TV에서도 그런 이야기하는 분들을 보고 어떻게 저렇게 무책임한 이야기를 할 수 있을까? 저는 정말 그럴 때마다 분노합니다. 물론 개인 간의 차이가 있겠죠. 나는 큰 성공을 바라지 않고 그냥 즐

겁게 살래. 돈이 많이 없어도 되고, 내 가족이랑 즐겁게 살래 하시는 분들은 괜찮아요. 그런데 그게 아니라 내 꿈을 어느 정도 이루어보겠다, 어느 정도 원하는 곳까지 가보고 싶은 분들에게 그 이야기는 진짜 얼토당토않은 이야기입니다. 즐겨서 되는 거 없습니다."

우리는 모두 잘 살고 싶어 한다. 학생들은 공부 잘하고 친구들에게 인기도 있고 선생님에게 칭찬도 받고 운동도 잘하길 원한다. 중년 남자들도 내용만 다를 뿐 비슷한 기대를 가진다. 경제적으로 풍요롭고 사람들로부터 존중받으며 주위의 인정도 받고 싶어 하고, 그러면서도 성취감을 느끼길 원한다. 무엇을 원하는가, 어떤 삶을 기대하는가 물어보면 어른이나 아이나 대답은 비슷비슷하다.

그런데 여기서 중요한 질문을 해볼 필요가 있다. 당신은 삶에서 어떤 고생을 감내할 준비가 되어 있는가? 좋은 성적을 얻기 위해 덜 놀고 덜 쉬면서 더 오래 공부할 각오가 되어 있느냐는 말이다. 멋지고 건강한 몸매를 갖기 위해서는 식단 관리를 하고 운동을 꾸준히 해야 한다. 만족스러운 삶을 살기 위해서는 고군분투할 각오를 해야 한다.

당신은 조직 내에 있었을 때와는 또 다른 강도로 밤낮없이 일하고, 서류 작업에 시달리고, 이해관계자들을 설득하기 위해 때로는 굴욕을 감내할 준비가 되어 있는가. 때로는 경제적인 압박에 불안해하고 앞이 보이지 않는 캄캄한 상황에서도 희망의 끈을 놓지 않을 마음의 준비가 되어 있는가. 냉정하게 들릴 수도 있지만, 때로는 이 질문들이 무섭고 두렵지만, 중년 이후에 성공을 만든 사람들을 만날 때마다 나는 스스로에게 이런 질문을 해보지 않을 수 없었다.

'변화'라는 단어에 숨겨진 의미

우리는 변화라는 말을 정말 자주 듣는다. 그런데 '변화'라는 말을 생각할 때 한편으로 염두해둬야 할 말이 있다. 바로 '보존'이다. 국어사전에서 검색해보면 변화란 사물의 성질, 모양, 상태 따위가 바뀌어 달라진다는 의미다. 그리고 보존이란 잘 보호하고 간수하여 남긴다는 뜻이다. 언뜻 이 두 단어는 완전히 반대되는 의미를 가진 듯 보이는데, 사실 잘 따져보면 상호 의존적이라는 사실을 알 수 있다.

예를 들어 새해가 되면 우리는 새로운 목표를 세운다. 가장 대표적인 목표가 운동하기다. 그동안 운동을 하지 않던 상태에서 운동을 하는 상태로 변화한다는 의미다. 그런데 운동을 하는 이유는 뭘까? 사람들에게 이런 질문을 던지면 대부분 건강, 체력 향상이나 멋진 몸매 등을 꼽는다. 즉, 건강하고 좋은 상태를 보호하고 간수하기 위함이다.

또 다른 대표적인 목표가 공부다. 그동안 게을리하던 공부를 새로 시작하겠다는 의미다. 그렇다면 공부를 하는 이유는? 취업, 승진, 이직, 몸값 높이기 등일 것이다. 다시 말하면 시장에서 자신의 경쟁력이나 가치를 보호하고 보존하기 위해서다. 금연, 다이어트, 재테크 등도 다 마찬가지다.

다시 말해 변화란 더 소중한 것을 보호하고 보존하기 위한 선택인 셈이다. 보존이 전제되지 않는 변화란 의미가 없다. 따라서 우리는 변화를 통해 '무엇을 보존하고 싶은가'를 질문해야 한다. 무엇을 보존하기 위함인지가 명확해져야만 변화에 대한 의지가 지속될 수 있다.

평생직업을 이런 관점에서 생각해보자. 위험을 감수하고, 불확실성을 수용하며, 성공할지 실패할지 모르는 사업을 위해 밤낮없이 일할 준비가 되어 있지 않는다면 우리가 원하는 결과를 얻기는 대단히 어려울 것이다. 물론 엄청나게 운이 좋다면 좋은 결과를 얻을 수도 있겠지만 그런 행운이 '나에게' 찾아올 확률은 아쉽게도 매우 낮다. 그래서 우리는 '무엇을 기대하는가'를 묻기 전에

'나는 어떤 고생을 감내할 준비가 되어 있는가'를 스스로에게 물어야 한다.

'좋아하는 일을 하세요', '즐길 수 있는 일을 하세요'라는 말에 필자는 동의하지 않는다. 물론 좋아하는 일을 시작하는 게 나쁘다는 의미는 아니다. 그러나 아무리 좋아하는 일이라도 그것이 직업이 되는 한 늘 좋기만 할 수는 없는 법이다. 또 아무리 즐기고 싶어도, 즐길 수 있는 수준이 되기까지는 엄청난 시간의 준비와 연습과 훈련이 필요하다.

평생직업은 하루아침에 만들어지지 않는다. 자신의 몸으로 경험을 쌓고, 어쩔 수 없는 불안정함을 견뎌내고, 수년간 노력하는 삶이 이어진 결과로 따라오는 것이다. 당신의 직장생활이 그러했던 것처럼 말이다. 물론 그럼에도, 수년을 바쳤는데도 기대만큼 이루어지지 않을 수 있다. 하지만 분명한 점 하나는 그냥 시간이 흐르는 채로 가만히만 있으면 아무 일도 일어나지 않으며 아무것도 달라지지 않는다는 사실이다.

누군가는 쉰이 다 된 나이에 MBA 공부를 시작해서 경영학 박사 과정을 끝냈다. 좋아하는 골프도 끊고 술도 끊고 일과 공부에만 매진했음에도 아직 원하는 지점까지 너무 먼 거리가 남았다고 느낀다. 시장이 내 마음처럼 움직이지 않는다는 것을 알기에 그냥 묵묵히 하루하루를 보낸다. 그렇게 준비하다 보면 그래도 길이 보일 것이다. 길이 보일 거라 믿으면서 그렇게 한 발자국씩 앞으로 내딛어보자.

Epilogue

같이 힘을 내면 조금은 덜 힘들 테니

심리학이 우리에게 주는 통찰 중 하나를 꼽자면 바로 '상황의 힘'이 아닐까 싶다. 남자 화장실 소변기에 붙어 있는 파리 스티커 한 장이 화장실 청결도를 무려 80퍼센트나 개선했다는 이야기를 들어봤을 것이다. 아무리 '한 발 앞으로' 다가서라고 안내판을 붙여도 말을 듣지 않던 남자들이 변기에 붙은 파리를 쏴 맞춰보고 싶은 나머지 자연스럽게 소변기 쪽으로 한 발 다가섰고, 그렇게 해결될 것 같지 않던 문제가 단번에 해결됐다. 이처럼 인간은 본인이 의식하지 않더라도 어떤 상황 속에 들어가면 특정한 생각이나 행동을 자연스럽게 하게 된다. 우리는 의지의 힘을 강조하지만, 상황은 우리가 생각하는 것보다 훨씬 더 강한 힘을 가지고 있다.

인생에서 어느 누구도 피해갈 수 없는 상황이 바로 '나이'다. 나이를 먹음에 따라 나도 변하고 내가 만나는 삶의 조건과 풍경도 변한다. 그래서 앞으로 살아갈 걱정이 앞서고, 직장과 일과 돈 문제로 불안해하기도 하다. 중년이 인생의 내리막길인지 아니면 또 다른 삶이 시작되는 것인지 혼란스럽기도 하고, 도전하기엔 늦은 것 같기도, 포기하기엔 너무 이른 것 같기도 하다.

이런 걱정과 혼란스러움은 자연스럽고 당연하다. 나이라는 어쩔 수 없는 상황 때문이다. 우리는 비슷한 시기에 비슷한 경험을 하며, 비슷한 과제를 해결하며 산다. 중년기에 주어진 과제를 잘 해결하려면 이런 변화를 미리 가늠해보고 자연스럽게 받아들이며 좀 더 능동적으로 대처하려는 마음가짐을 가져야 한다. 그리고 이런 혼란 속에서 '어떻게 살아왔는가'를 돌아보며 앞으로 자신이 걸어가야 할 인생길에 대해 어느 정도 고민도 해야 하고, 새로운 인생 구조도 모색해야 한다. 여러 번 강조하지만, 중년에게 정말 필요한 것은 새로운 기술이 아니라 삶에 대한 새로운 태도다.

이 책을 쓰면서 바람직하고 이상적인 삶의 기준을 이야기하거나 그런 삶의 기준에 따라 살아야 한다고 요구하지 않으려 했다. 누구한테 어떻게 살아야 한다고 조언하는 일은 필자의 스타일도 아니거니와 주제넘는 일이기도 하다.

그저 지금까지 열심히 살아온 자신의 삶 속에서 의미를 발견하고, 때로는 못난 자신의 과거를 수용하고 용서하기도 하며, 스스로를 격려하고 성장하는 삶을 사는 것에 대한 이야기를 전하려 했다. 그러기 위해 중년기 삶의 기본적인 속성들, 중년기에 만나게 되는 다양한 변화의 장면들에 대해 여러 중년 남자들의 경험과 심리학이 주는 지혜를 담아보려 했다.

이 책에는 많은 중년 남자들의 인생 스토리가 담겨 있다. 그 분들의 이야기를 자세히 담은 이유는 우리의 삶은 평균에서 벗어나기 쉽지 않고, 그래서 자신과 비슷한 경험을 한 사람들, 자신과 비슷한 처지에 있는 사람들의 이야기 속에서 공감과 위로를 얻을 수 있기 때문이다. 그분들의 인생 이야기가 이 책을 읽은 독자들께 위로와 용기가 되었으면 한다. 또한 자신의 성공과 실패, 희망과 불안, 인생의 빛과 어둠에 담긴 속내를 기꺼이 들려주었던 많은 인생 선배와 친구들에게도 이 자리를 빌려 깊이 감사드린다. 그들의 진솔한 이야기가 없었다면, 박사 논문도, 이 책도 나올 수 없었을 것이다.

이 글을 시작할 수 있게 손을 내밀어주고, 글에 숨결을 불어넣어 준 도서출판 길벗의 유예진 팀장님, 출판사의 여타 관계자분들에게도 감사드린다. 팀장님 덕분에 용기를 낼 수 있었고 저자라는 새로운 인생 장면의 문을 열 수 있었다. 김도환 박사가 전해준 심리학적 지식과 통찰에도 감사드린다. 함께 나눈 대화는 글의 수준을 높이고 흥미롭게 만드는 데 큰 힘이 됐다. 또 '벼락' 맞은 삶이 지치지 않도록 응원해주신 박형규 대표님, 이정훈 상무님, 김경호 부장님께도 감사드린다. 늘 힘이 되는 든든하고 고마운 사람들이다. 최윤식 박사는 내 인생의 멘토다. 언제나 조용히 삶의 지식과 지혜를 나눠주고 내가 성장할 수 있도록 도와주신다. 그냥 그 자리에 그 모습으로 있어서 좋다. 그리고 인생 스토리의 주인공인 나 스스로에게도 격려의 박수를 보내며 내 인생의 핵심 인물인 어머님, 장모님과 아내 정희 그리고 가영, 동현 두 아이들에게도 사랑한다는 말과 감사의 마음을 전한다. 오래도록 함께 좋은 인생 이야기를 만들어가기를 기대한다.

참고문헌

구자복, 2020, 〈한국 대기업 임원들의 비자발적 퇴직에 대한 적응 과정 연구〉, 중앙대학교 대학원 박사학위 논문

김근영, 2012, 〈청소년기 자아 정체성 연구의 대안적 접근: 서술적 정체성 발달〉, 청소년학연구, 19(3), 85-108.

김보라, 성경미, 2018, 〈중년 남성의 갱년기 증상, 스트레스, 자아존중감 및 삶의 질〉, 디지털융복합연구, 16(12), 467-475.

문유정, 2020, 〈경제자본 인적자본 사회자본이 중년기의 주관적 행복에 미치는 영향〉, 경상대학교 대학원 박사학위 논문.

박선웅, 2020, 《정체성의 심리학》, 21세기북스.

송미경, 이은경, 양난미, 2020, 〈중년남성의 가족관계에서의 분노경험에 대한 질적 연구〉, 인문사회 21, 11(5), 2001-2016.

오강섭, 2017, 〈진화심리학적 관점에서의 불안 및 불안장애〉, 생물정신의학, 24(2), 45-51.

오재은, 2013, 〈중년, 위기인가? 전환점인가? 중년기 위기에 대한 통합적 접근: 인간발달에 대한 세 가지 주요 관점을 중심으로〉, 현상과 인식. 37(3), 141-166.

장근영, 2007, 《영화 속 심리학(싸이코 짱가의)》, 메가트렌드.

장민희, 정태연, 2014, 〈한국 사회 중년 남성의 인생 회고와 삶의 재평가〉, 한국노년학, 34(3), 631-648.

정유수, 이영순, 2021, 〈기혼 중년 남성의 심리적 위기 경험에 관한 현상학적 연

구〉, 상담학연구, 22(3), 101-131.

주익현, 2018, 〈남편의 가사활동이 부부의 가사분업만족도에 미치는 효과〉, 여성연구, 97(2), 141-166.

최상진, 2011, 《한국인의 심리학》, 학지사.

최상진, 김기범, 2000, 〈체면의 심리적 구조〉, 한국심리학회지: 사회 및 성격, 14(1), 185-202.

한규석, 2017, 《사회심리학의 이해》, 학지사.

게일 쉬이, 2004, 《남자의 인생 지도》, 형선호 옮김, 황금가지(원전은 1999년에 출판).

대니얼 길버트, 2006, 《행복에 걸려 비틀거리다》, 서인국, 최인철, 김미정 옮김, 김영사.

대니얼 레빈슨, 2003, 《남자가 겪는 인생 사계절》, 김애순 옮김, 이화여자대학교출판부(원전은 1978년에 출판).

대니얼 카너먼, 2012, 《생각에 관한 생각: 우리의 행동을 지배하는 생각의 반란》, 이진원 옮김, 김영사,

대니엘 핑크, 2001, 《프리에이전트의 시대가 오고 있다》, 석기용 옮김, 에코리브르.

로버트 프랭크, 2018, 《실력과 노력으로 성공했다는 당신에게: 행운, 그리고 실력주의라는 신화》, 정태영 옮김, 글항아리(원전은 2016년에 출판).

어빙 고프먼, 2016, 《자아 연출의 사회학: 일상이라는 무대에서 우리는 어떻게 연기하는가》, 진수미 옮김, 현암사(원전은 1959년에 출판).

윌리엄 새들러, 2015, 《서드 에이지, 마흔 이후 30년》, 김경숙 옮김, 사이(원전은 2006년에 출판).

조지 베일런트, 2010, 《행복의 조건: 하버드대학교 인생성장보고서》, 이덕남 옮김, 프런티어(원전은 2003년에 출판).

Allan, B. A., Duffy, R. D., & Douglass, R, 2015, Meaning in life and work: A developmental perspective. Journal of Positive Psychology, 10(4), 323-331.

Allen, A. B., & Badcock, P. B, 2003, The social risk hypothesis of depression: Evolutionary, psychosocial, and neurobiological perspectives. Psychological Bulletin, 129, 887-913.

Allemand, M., Schaffhuser, K., & Martin, M, 2015, Long-Term Correlated Change Between Personality Traits and Perceived Social Support in Middle Adulthood. Personality and Social Psychology Bulletin, 41(3), 420-432.

APA, 2017, The great unknown: 10 Tips for Dealing With the Stress of Uncertainty. https://www.apa.org/helpcenter/stress-uncertainty.

Ashforth, B, 2001, Role transitions in organizational life: An identity-based perspective. Mahwah, NJ: Lawrence Erlbaum.

Baumeister, R. F, 2005, The cultural animal : human nature, meaning, and social life. New York: Oxford University Press.

Beike, D. R., Markman, K. D., & Karadogan, F, 2009, What we regret most are lost opportunities: A theory of regret intensity. Personality and Social Psychology Bulletin, 35(3), 385-397.

Bridges, W, 1991, Managing transitions: making the most of change. Da Capo Lifelong Books, A Member of the Perseus Books Group. Boston, MA.

Case, T., & Williams, K. D, 2004, Ostracism: A metaphor for death. In J. Greenberg, S. Koole, & T. Pyszczynski. (Eds.), Handbook of Experimental

Existential psychology, pp. 336–351, New York: Guilford Press.

Çelik, P., Lammers, J., van Beest, I., Bekker, M. H., & Vonk, R, 2013, Not all rejections are alike; competence and warmth as a fundamental distinction in social rejection. Journal of Experimental Social Psychology, 49(4), 635-642.

Crossley, M. L, 2000, Narrative Psychology, Trauma and the Study of Self/ Identity. Theory & Psychology, 10(4), 527-546.

Fadeeva, A, 2020, Promoting health and well-being in later life: retirement as a transition point. Doctoral thesis, Northumbria University.

Fivush, R, 2011, The Development of Autobiographical Memory. Annual Review of psychology, 62, 559-582.

Gilbert, P., & Woodyatt, L, 2017, An Evolutionary Approach to Shame-Based Self-Criticism, Self-Forgiveness, and Compassion. In L. Woodyatt, E. L. Worthington, Jr., M. Wenzel, & B. J. Griffin. (Eds.), Handbook of the Psychology of Self-Forgiveness, pp. 29-41, Switzerland: Springer International Publishing.

Gilovich, T., & Medvec, V. H, 1995, experience of regret: what, when, and why. Psychological Review, 102, 379-395.

Greenberg, M, 2017, The Stress-Proof Brain: Master Your Emotional Response to Stress Using Mindfulness and Neuroplasticity. New Harbinger Publications.

Haimovitz, K., & Dweck, C. S., 2017, The Origins of Children's Growth and Fixed Mindsets: New Research and a New Proposal. Child development, 88(6), 1849-1859.

King, L. A., & Hicks, J. A, 2007, Lost and Found Possible Selves: Goals,
Development, and Well-Being. New Directions for Adult and Continuing

Education, 114, 27-37.

Lachman, M. E, 2001, Handbook of midlife development. New York: John Wiley & Sons, Inc.

Lachman, M. E, 2004, Development in midlife. Annual review of psychology, 55, 305-331.

LaFreniere, L. S., & Newman, M. G, 2019, Exposing worry's deceit: Percentage of untrue worries in generalized anxiety disorder treatment. Behavior Therapy, 51(3), 413-423.

Langer, E. J., & Rodin, J, 1976, The effects of choice and enhanced personal responsibility for the aged: A field experiment in an institutional setting. Journal of Personality and Social Psychology, 34(2), 191-198.

Leary, M. R., & Baumeister, R. F, 2000, The nature and function of self-esteem: Sociometer theory. Advances in Experimental Social Psychology, 3, 1-62.

Markus, H., & Nurius, P, 1986, Possible selves. American Psychologist, 41(9), 954-969.

Masicampo, E. J., & Baumeister, R. F, 2007, Relating Mindfulness and Self-Regulatory Processes. Psychological Inquiry, 18(4), 255-258.

McAdams, D. P, 1995, What Do We Know When We Know a Person? Journal of Personality, 63(3), 365-396.

McAdams, D. P, 2019, "First we invented stories, then they changed us": The Evolution of Narrative Identity. Evolutionary Studies in Imaginative Culture, 3(1), 1-18.

McAdams, D. P., & Pals, J. L, 2006, A new Big Five: Fundamental principles for an integrative science of personality. American Psychologist, 61(3), 204-217.

McAdams, D. P., & McLean, K. C, 2012, Narrative Identity. Current Directions in Psychological Science, 22(3), 233–238.

McLean, K. C., Pasupathi, M., & Pals, J. L, 2007, Selves creating stories creating Selves: A process model of self-development. Personality and Social Psychology Review, 11(3), 262-278.

Paternostro, D. C., & Marcotte, D, 2011, The story of the person: Integrating personalist philosophy with narrative psychology. The Humanistic Psychologist, 39(1), 24-36.

Rice, N. E., Lang, I. A., Henley, W., & Melzer, D, 2011, Common health predictors of early retirement: Findings from the English Longitudinal Study of Ageing. Age and Ageing, 40(1), 54-61.

Roese, N. J., & Summerville, A, 2005, What we regret most...and why. Personality and Social Psychology Bulletin, 31, 1273-1285.

Smith, M. M., Sherry, S. B., Vidovic, V., Saklofske, D. H., Stoeber, J., & Benoit, A, 2018, Perfectionism and the five-factor model of personality: A meta-analytic review. Personality and Social Psychology Review, 23(4), 367-390.

Singer, J. A, 2004, Narrative Identity and Meaning Making Across the Adult Lifespan: An Introduction. Journal of Personality. 72(3), 437-460.

Specht, J., Schmukle, S. C., & Egloff, B, 2011, Stability and Change of Personality Across the Life Course: The Impact of Age and Major Life Events on Mean-Level and Rank-Order Stability of the Big Five. Journal of Personality and Social Psychology, 101(4), 862-882.

Tomlinson, J. M., Feeney, B. C., & Peters, B. J, 2020, Growing Into Retirement: Longitudinal Evidence for the Importance of Partner Support for Self-

Expansion. Psychology and Aging, 35(7), 1041-1049.

van Solinge, H., & Henkens, K, 2008, Adjustment to and satisfaction with retirement: Two of a kind? Psychology and Aging, 23(2), 422-434.

Wang, M., Adams, G. A., Beehr, T. A., & Shultz, K. S, 2009, Career issues at the end of one's career: Bridge employment and retirement. In S. G. Baugh & S. E. Sullivan (Eds.), maintaining focus, energy and options over the lifespan, pp. 135-162, Charlotte, NC: Informarion Age Publishing. Whitbourne, S. K., & Sliwinski, M. J, 2012, The Wiley-Blackwell handbook of adulthood and aging. West Sussex: Wiley-Blackwell.

Williams, K. D, 2001, Ostracism: The power of silence. New York, NY: Guilford.

Wong, C. C. Y., & Yeung, N. C. Y, 2017, Self-compassion and Posttraumatic Growth: Cognitive Processes as Mediators. Mindfulness, 8(4), 1078-1087.

Wrosch, C., Bauer, I., & Scheier, M. F, 2005, Regret and quality of life across the adult life span: The influence of disengagement and available future goals. Psychology and Aging, 20(4), 657-670.

Yang, A. X., & Hsee, C. K., 2019, Idleness versus busyness. Current Opinion in Psychology, 26, 15-18.

오십, 인생의 재발견

초판 1쇄 발행 · 2022년 6월 3일

지은이 · 구자복
발행인 · 이종원
발행처 · (주) 도서출판 길벗
브랜드 · 더퀘스트
주소 · 서울시 마포구 월드컵로 10길 56 (서교동)
대표전화 · 02) 332-0931 | **팩스** · 02) 322-0586
출판사 등록일 · 1990년 12월 24일
홈페이지 · www.gilbut.co.kr | **이메일** · gilbut@gilbut.co.kr

기획 및 편집 · 유예진(jasmine@gilbut.co.kr), 송은경, 정아영, 오수영
제작 · 이준호, 손일순, 이진혁
마케팅 · 정경원, 김진영, 김도현, 장세진, 이승기 | **영업관리** · 김명자 | **독자지원** · 윤정아

디자인 · 형태와내용사이 | **교정교열** · 최진
CTP 출력 및 인쇄 · 북솔루션 | **제본** · 북솔루션

정가 17,500원
ISBN 979-11-6521-985-7 (03180)